バカという生き方

こころがすーっと軽くなる

正解のない世界を楽しむチカラ

精神科医
和田秀樹

実務教育出版

はじめに

私の人生の選択で、最高にラッキーだったと思うことに、高齢者専門の精神科医という職に就いたことがある。

多くの高齢者の晩年を見ることで、かつては政治家や経営者として成功した人でも、人に慕われていないと意外に惨めな晩年を送ることを知った。

上に媚《こ》びたり、人を蹴落とすようなことをすれば、自分より若い人には慕われないし、自分を引き上げてくれた人がたいてい先に死ぬので晩年は孤独だ。

さらにいうと、社会的地位なんて究極的には、一過性のものだと思えるようになった。

高い地位に就いて、人をバカにしていい気になっても、年をとってからしっぺ返しを食うことが多い。それに気づいたのだ。

それ以上にものの見方が変わったことがある。

認知症の高齢者について、家族はできなくなったことばかり嘆くのだが、私はできることを探し、家族にはそれを見てほしいとアドバイスする。そして、そのできることをなるべく減らさないようにすることが大切と伝える。

残念ながら認知症の場合、できなくなったことができるようになることはほとんどないが、できること、たとえば、まだ電子レンジが使えるとか買い物に行けるとかを残すことは、続けていれば、かなりの程度で可能だ。

そういう目で認知症の人を見ているうちに、**世の中に果たして本当のバカがいるのだろうか**と考えるようになった。

認知症がかなり進んでもできることが残っているように、バカと思っていた人にも長所は意外にある。そこと付き合っていったり、うまく使っていったほうが、相手をバカにするよりお互いにハッピーだ。

終身雇用が終わり、成果主義の時代になると、バカと思われた人間は真っ先に切り捨てられる。世の中にはバカと付き合うなというような本が多い。

それが果たしていいことなのかという疑問から生まれたのがこの本だ。

こちらから見てバカに見える人は、実は、自分とは違うものの考え方をしていることが多い。

そういう人と話をすることで、自分の頭が柔軟になることは十分あり得る。これは脳の老化予防にとてもいいことだ。

私の老年精神科医としての経験から、バカを避けていても、じつはあまり得をすることはなく、かえって損をするといいたいのだ。

私が老年精神科医になってラッキーだと冒頭で述べたのは、私自身がそれを通じて変われたからだ。

昔は、私も人をバカにする人間だった。

自分を特別に頭がいいとは思っていなかったが、成績が上がっていないのに、どんくさい勉強のやり方を変えずに、名門大学に入れない人間を見て、要領も悪いし、頭も悪いとバカにしていたし、それを口に出したことも多い。

でも、時間が経ってみると、彼らはその真面目さから、出世はともかくとして、きちんとした仕事をしていることが多い。

最近になって感じることだが、既存の理論ばかり勉強している学者からは、新しいものは出てこない時代になった。

バカといわれても思い切ったことを試せる人が、とんでもない大成功を収めるようだ。

実は、私自身、人のことをバカにする一方で、自分はバカになりたくないと思って勉強を続けてきたのだが、最近は、バカになって面白い発想がもてないかと思えるようになった。

そういうわけで、**バカが大嫌いだった私が、さまざまな人生経験からバカの効用を書き、そこから派生するものの見方、考え方を提言**してみた。

アフターコロナで大変革を迎えるとされる時代に、多少なりとも読者の方の脳への刺激、人生のアドバイスになれば著者として幸甚この上ない。

なお、本文で名前は敬称を省かせてもらった。

目次

2章 バカと劣等感――「バカ」呼ばわりは損をするだけ

3章 バカの知恵——変えられるところから変える

4章

「小さな度胸試し」で正解のない世界を楽しむ

バカの楽しみ――

人生はいつだって「小さな度胸試し」

あとがき

1章

バカの効用――

目の前の世界を変えていくチカラ

1

決めつけほど、まずいものはない

弱い者攻撃

バカとは付き合うな、バカはバカで放っておけ、といった言い方が盛んになされている。かかずりあっていると時間のむだになる、という考え方である。

ツイッターのような匿名性の高いツールが手に入ったせいで、以前であればおそらく発言の機会のなかった人が、感情を解放して、あるいは悪乗りして、弱い相手と見れば非難のことば、それどころか罵声を浴びせかけている。

弱い相手といっても、たとえば弁護士などもターゲットにされることがある。世間が強く有罪と思っている人間の弁護をしている、といったことをつかまえて汚いことばを投げつける。相手が不利だと見るといっせいに襲いかかる傾向がある。

攻撃された弁護士が一人ひとりを告訴する動きを見せると、急にしおらしくなる。新聞報道によると、ちゃんとその弁護士の行いを精査したうえで批判したわけではなくて、たまたまネットで盛り上がっているから、ノリでやった、というのが多い。告訴の動きを知って、いまは反省している、と素直なものである。

そういう人はだれかをののしることで、解放感のようなものを味わっていたに違いない。ふだんそんなことをしたことがないから、気持ちがいいのである。人を見下して、自分が偉くなったような気になっている。

タレントが不倫などしようものなら、ここぞとばかりに攻め立てる。私などは相手を取っ替え、引っ替えのイケメンタレントなどを見ると、正直うらやましいと思う。もしテレビのコメンテーターとして呼ばれれば、「うらやましいかぎりで、ほんの一部でもあやかりたい」「芸と性は別ものだということですね」といってしまいかねない。もちろん、二度とその番組に呼ばれることはないだろう。

まじめくさって論評している人たちも、建前しかいわず、さぞかし鬱屈していることだろう。そういう意味では大変なご商売である。

女性タレントなどが反政府的な発言などをすると、「黙ってろブス」「バカいうな」

「理解してやっているのか」と集中的に汚いことばがぶつけられる。男というだけで女性の上位に立っていると思う人間がいること自体が奇妙というしかない。こういう男目線で説教をするのを「**マンスプレイニング**」という（man と explain の合成語）。

日本人女性の46パーセントがネットでなんらかのハラスメントを受け、32パーセントがセクハラを経験しているという調査もある（２０１７年、ノートンライフロック社調べ）。

これがヘイトスピーチとなると、在日の人たちに残酷なことばを投げつける。練り歩きながら、「すぐに日本から出て行け」「殺してやる」と大声でののしる。生存権を脅かす人間を、表現の自由の名で野放しにしているのが分からない。

これも単純に日本人は朝鮮出身の人より優れていると思っている人間がやっている。できの悪い政治家と官僚のせいで、日本のほうが20年も前から韓国より学力が下というのが実態なのに。

ＬＧＢＴＱのようなマイノリティに向かって「生産性が上がらない」と言い放った女性国会議員もいた。人間を生産性でしか測れないというだけで、国会議員としての資質に疑問符が付く。そういう人間は、自分のきょうだい、親戚、友人に、もし子がいないときにも、同じことばを浴びせかけるのだろうか。

これらに共通するのは、**根拠もなしに自分が上位にあると思っている**点である。あるいは、相手を見下すことで、自分が上だと思いたがっているということである。その心理は、根は精神分析でいうところの**劣等感の否認**にある。そのことはおいおい明らかにしていきたいと思う。そして、**「劣等感から発するものは実りが少ないし、かえって損になる」**という話もしていきたい。

満たされぬ自己愛が背景に

以前の価値観でいえば、自分より弱い者をいじめるのは、卑怯者のすることとされていた。親からも、弱い者いじめしちゃいけません、と教えられたものである。小さいころの親のそういう躾《しつけ》は、大人になっても、倫理的な縛りとなって残ったものである。

いつのころからか、相手が弱いと見ると、叩きまくる、ということがふつうのことになった（三浦和義の「ロス疑惑(注)」報道あたりがその最初か？）。下劣な感情に身をまかすことが、全体に是とされるようになったのである。それと符節を合わせたように、上の者、権力をもつ者に媚びへつらう、ぺこぺこする、忖度《そんたく》する、ということも、これまたふつうのことになった。

(注)ロス疑惑……1981年に米国ロサンゼルス市内で、会社社長だった三浦和義が当時の妻の一美(当時28)を銃撃して殺害、殺人などの罪に問われた事件。1982年「週刊文春」が「疑惑の銃弾」と題して報じた保険金殺人疑惑がきっかけとなり報道合戦が加熱化、劇場型犯罪となった。

昔であれば、見え透いたことばでおだてる人間など、けっして上に取り立てることなどなかった。しかし、どこかの大ボスは周りに友達を集めて、甘言をささやかれるのが大好きのようだ。彼らが不祥事を起こしても、針小棒大に叩くマスコミが悪い、といって反省もしない。だから、また同じような不祥事を起こしては、周りに要らぬハレーションを起こしている。

これと似たりよったりのことは下々もやっていて、やはり大ボスのふるまいを国民は自然とまねるのである。

私の見立てでは、そういう人は**自己愛に飢えている**可能性がある。親の愛が不足していたか、あるいは非常に不安定な愛情のかけ方をされたか、あるいは、大人になってから周囲に愛されたり、ほめられたりの経験が乏しいのである。その代償を周りの人間に求めている、といえる。

決めつけは人を不自由にする

療法という考え方の矯正指導でいちばんまずいとされているのは、〝決めつけ〟である。〝決めつけ〟というのは、あいつはバカだとか、あいつは頭がいいとか、それはこうなるに決まっているとか、ぜひともこうしなければいけないとか、そういった固定した、硬直した心理のことである。

もしその〝決めつけ〟とは違った事態が起きたらどうするか。その不測の事態に対処できずに、思考停止で固まってしまったり、おたおた取り乱して、とんでもない間違いを犯したりする。**柔軟さに欠けるために、不適応が起きやすい**のである。

建築でも地震などのショックを吸収するようにしておかないと、構造的に弱くなる。全部はね除けようと強固なものにすると、かえって弾性がなくなって危ない。それと、理屈は同じである。

若いころ、私も人と議論をするときは、完膚無きまでにやっつけてやろうという気構えでやっていた。絶対こっちに理があって、相手が完全に間違っているという前提で押し通していた。

ところが、年とともに丸みを帯びてきたのか、別に勝ち負けなんかいいじゃないか、その会話が実り多ければいい、というふうに変わってきた。

最近では、あなたのいうことも正しいが、こちらにも幾分かの正義があるかもしれないですよね、というスタンスになってきた。これだと、勝つことはないけれど、負けることもないのである。「お互いさま」ということばがあるが、それに近い考え方である。

さらにいえば、人の話をよく聞くようになった、ともいわれる。精神科医という仕事をしているときは、人の話に耳を傾けることが第一なのに、いざほかの場面となると、とても論争的だった。私の対談本はたいてい意見の対立のある人とやっている。気の合った同士のなあなあ対談は少ないほうではないか、と思う。それだけ論争を好んだということである。

私は年齢のほかに、ここしばらく携わってきた高齢者医療の経験が、こういう変化に少なからず影響があったと思っている。それについては、あとで述べるが、年を取ることと成熟ということに関して、少し触れておきたい。

大人になれないオトナたち

われわれはつい勘違いしがちだが、年を取ればだれでも成熟できるわけではない。それなりの研鑽がないと、いい年の取り方はできないのである。

たとえば先日も、成熟とはほど遠いものをテレビで見かけた。コンビニのようなお店のレジでのこと。店員に向かって初老の男が怒鳴っている。2人のあいだには遮蔽用の透明なビニールシートがある。男はマスクをしていない。大声で、「そっちだけ(内側だけ)拭いているんだろう」と言いがかりをつけているのである。

相手は手出しができないと読んでいるから、こういう破廉恥な行為に出る。酔っぱらって駅員に絡んだり、暴力を振るったりするのも、同じタイプの人間だろう。これも、相手をある種の〝弱者〟と見ているのである。

コロナでもうひとつ残念だったのは、最前線で戦う医療従事者とその家族を排斥しようとした人間がいたことである。これなども人間の成熟からはほど遠い行いである。

おそらく、この種の人間が成熟を迎えるのは難しく、無為に年を重ねていくのではないかと思われる。それを昔は、馬齢を重ねる、といった。むだに年月を過ごす、という意味である。

「人は年とともに成熟する」というのは、半ば正しく、半ば正しくない。経験が身になっていかないタイプがいるのである。成長というのは、自己省察、自己反省のなかからしか生まれない。自分のことを吟味したり、省みなかったりする人間にとって、成熟ほど縁遠いものはない。

いわゆる社会の成功者といわれる人と接すると、けっこうがっかりすることが多い。なにか人生について奥深い考え方を聞けるのではないかと期待するが、口をついて出るのはすり切れたテープのような、くり返し語られたサクセスストーリーだけ。残念ながら、独自の、その人ならではの人生哲学を聞くことはできない。

それもそのはずで、彼らは自分の経験に洞察を加えて、深みのあるものにする能力がないのである。反対に、それほどの経験でもないのに、独特な哲学を語ることができる人もいる。

われわれは、**経営の才があると、ほかのこともできるのではないか、と勘違いしてしまう。いい大学を出ていると、仕事もできる、と思ってしまう**のと似ている。

だから、商社で活躍したという理由で公共放送の会長に据えたり、経営コンサルタントや銀行員だったということで公立学校の校長に抜擢したりするようなことが起きる。案の上というべきか、いずれも不祥事続きで、さんざんな結果に終わった。

人の一面しか見えない不幸

認知科学でこころに悪いとされる〝決めつけ〟の話に戻すと、「〜すべき」という傾向が強い人のことを、**〝Should（〜すべき）思考〟**の人と呼ぶ。なんでも決めつけで考える人は、自ずと多様性や柔軟性を失っていく。そして、身の周りに起きることに自在に対処できなくなる。

困るのは、本人はそれで自分が強くなったつもりでいることである。それはホースの先端を絞って、勢いよく水を出しているのに等しい。ホースの口をゆるめれば、もっと豊富に水が流れ出るのに、そういうことに関心がいかないのである。

〝決めつけ〟の人は、概して相手の欠点を見る傾向が強い。障害者を見ると、足が悪いとか、眼が悪いとかいったことしか見ない。認知症の人を見ても、そのできなくなったことにしか目がいかない。

しかし、パラリンピックを見ても分かるように、彼らは障害で勝負しているわけではない。残存している機能をフルに使って競技を行っているわけで、それは自分の取り柄で戦っているということである。パラリンピックに出るような人たちは、ふつうの健常者が及びもつかないような身体能力をもっている。

パラリンピックでは種別によって、等級分け（たとえば、陸上100メートルだと男女で29種もある）をやっていて、ときに健常者とは違う悲喜劇が起きる。

障害の重さが判定されて、軽いほうの種別に移されると、競争が激しくなるので、その分メダルから遠くなる。しかし、身体的には向上したわけだから、本来であれば喜ぶべきことなのだが、心境は複雑である。

〝決めつけ〟の人は、こういうことに目がいかないだろう。

まだできることがある＝認知症の実際

初期認知症にも同じようなことがいえる。たしかに記憶障害があるけれど、知能がそのまま残っていて、いいことやおもしろいことをいったり、知的な会話ができる。

長谷川和夫という認知症研究の第一人者がいる。彼は認知症の診断スケールを開発したことでも知られるこの世界の有名人である。ところが、本人自身が88歳で認知症であることを告白した。しかし、彼はその後もマスコミや講演会などでいろいろな発言をしている。

レーガン米大統領やサッチャー英首相は辞めてから数年してアルツハイマーを告白したが、告白した際の認知症の重さを考えると在任中からもの忘れなどはあったと考えられる。軽いアルツハイマーなら、要職もこなせるといういい証拠である。

人をバカと利口で分けて考える人は、〝決めつけ〟の典型のような人で、人にはいい部分もあれば、悪い部分もある、というゆるやかな考え、別の言い方でいえばグレーゾーンを含んだ考えができない。

ふつうに考えてみても、いくら頭がよくても、全部が得意ということはない。数学はできるけれど、国語や体育が苦手、というのは当たり前に起こる。だから、物理や化学でノーベル賞を取っても、文学や音楽に造詣がない、疎《うと》い、というのはごくありふれたことである。まして彼らは研究者であって教育者ではない。

そんな彼らを教育再生会議のような組織の座長に選んでも、有効な意見が出てこないのは当然である。学長に据えても、大学全体のデザインなどできようはずがない。

ふつうに考えればそうなのだが、どういうわけかみんなふつうに考えない。頭のいい人は万能だし、いつまでたっても頭がいいままだ、と一途に考えている。人がいいというか、なんというか。そして、そういう人は逆に頭の悪い人や、そして認知症の人は何もできないと考えるのである。

まさに**二分割思考の典型**だ。

2 そもそも「バカ」の人ってどんな人のこと？

二分法と生産性

私は最近、本当にバカの人っているのだろうか、と思うようになった。たしかにバカに関して本を書いてきたが、ちょっとバカに対する私自身のニュアンスが変わってきた。

以前は、能力がありながら、社会的不適応などでバカと思われて損をするのはもったいない、そこは工夫して治すことができる、と考えていた。バカをいくつかのパターンに分けて、もしどれかに自分が当てはまるなら、対処法を考えましょう、というスタンスだった。

しかし、それらの本で〝**バカの効用**〟については触れずにきた。

高齢者医療に携わっていると、活力や元気や競争力や勝ち負けなどを基に気ぜわしく動いている世間とは違うものが見えてくる。そういう意味では、私は自分が得がたい位置にいる、と思う。高齢者を見ている、ということは、人々の未来を見ていることにもなるからである。

認知症となれば、いろいろな能力が衰え、場合によってはなくなってくるが、本人たちはいたって幸せそうに生きている。ものを忘れても、本人が幸せであれば、なんの問題もないのではないか。超高齢社会では、健常者の価値観とは違うものが必要になってくるように思う。

どこかの大臣が、コメは輸出で儲けたほうがいい、そんなことはアルツハイマーの人でも分かる、という発言をしたことがある。これなどは、誤解の最たるもので、アルツハイマーや認知症は線引きして、ここまでは該当しない、ここからは正式の患者である、とはいえない病気である。**グラデーションのある病気**ということができる。軽い人なら前述のように首相や大統領も務まるが、重い人なら相手のことばがまったく理解できない。

私には、**人間はそもそも二分法で割り切れる存在ではないのではないか、**という思いが次第に強くなってきた。

生産性で人間を考えるのは、いってみればアウシュビッツの思想とそう変わらない。強制収容所の入り口には、「働けば自由になる」と書いてあったわけで、障害者、高齢者、幼少年、病者、ロマ族のような少数民族、同性愛者なども多数殺された。

しかし、忘れていけないのは、**弱者に視点を定めておくと、じつは生きやすい世界になる**のである。たとえば、障害者に合わせてパブリックな場所を整備しておけば、いずれ人口の4割を占めることになる高齢者のためにもなるのである。手すり、バリアフリー、エスカレーター、エレベーター、車いすで乗ることができるタクシー……などなど、社会のイノベーションを進めるための大事な視座として弱者を考えるべきときが来ている。

本人が幸せならそれでいい？

アメリカへの留学から帰ってきたころ、フロイトはもうだめだ、コフートがいい、などと私は粋がっていた。しかし、なぜかよく分からないが、フロイト流の精神分析をすると治る患者がいるのである。私自身、人のためになるのであれば、それもいいじゃないか、という考えに変わりつつある。

前世療法というオカルト的なこころの治療法があるが、それも経済的出費が人生を台無しにせず、本人が信じて幸せを感じているのであれば、許されるのではないか、とも考えるようになった。

宗教とは、そもそもほかから信者を見れば、なにを騙されて、という世界である。しかし、本人はそれで精神的な安らぎを得ているのだから、部外者が関知することではない。**信仰の自由というのは、かなり重要な概念**である。

なぜ私がこういう考えになったかというと、認知症の人に長く接してきているからである。症状が進むほどに、彼らはニコニコして、幸せそうなのである。まずいものを食べようが、ひどい環境の施設にいようと（それ自体は問題ではあるが）、その気持ちのまま死んで行けるなら、それに越したことはない、と思わせられる。

一生身《み》を粉《こ》にして働いて、結局はこんな状態か、と嘆き悲しむところなのかもしれないが、**認知症の人はそういう俗界の悩みや苦しみ、悲しみから超脱しているの**である。

統合失調症も、被害妄想ではなく誇大妄想のタイプであれば、あえて治さなくてもいいのではないか、と考えるようになった。われわれは将軍なり、明治大帝の生まれ変わりなり、われわれは長谷川一夫（いい男の代表といわれた俳優）なり、といって幸せであれば、それを取り除くために薬を処方する必要があるのだろうか。

こういう経験を積んでくると、**人間に関して、正解はない**、という思いが強くなってくる。ふだんのわれわれからすれば異常かもしれないが、そっちのほうがある意味、幸せそうなのである。会社で権勢をふるっていても、部下を怒鳴りつけて、苦い顔ばかりしている人間に比べれば、格段にましな感じがする。

作家・精神科医の加賀乙彦《かがおとひこ》は長く死刑囚と接し、その経験を本に記しているが、**まさに人を殺すも殺さないも紙一重で、私たちが殺人者になっていても不思議がない気がしてくる**。異世界と思っていることも、意外と近くにあるのである。

私自身が経験を重ねるなかで、二分法から離れて、しだいにグレーゾーンに目がいくようになった、といえるかもしれない。だから、**バカの人って本当はいないのではないか**、と思うようにもなった。バカの人にもいろいろな可能性があって、彼らを切って捨てると、大事なものをなくしてしまうことにもなりかねない。

もちろん社会的、世間的には相変わらず「あいつはバカだ」式のことは盛んにいわれているし、それで損をしている人もたしかにいるのだが、逆の方向からそういった風潮に水を差してみたいと思うのだ。

つまり本書では**「バカの効用」**を中心に語っていきたいと思うし、あいつはバカだと言い切ることがいかに損なことかも論じていきたい。

まだ「できることがある」という幸福

以前、月に2回、保健所に勤務していたことがある。仕事は、医者にかかろうとしない人のところに出かけて行って、診察、診断を行い、入院加療が必要と判断したり、該当する場合に施設への入所をうながすといったことである。

精神障害者で独語しながら徘徊する人間がいる、と通報や苦情などがあれば、出かけて行く。最近は圧倒的に認知症の人に関わったものが多いようだ。

ゴミ屋敷に住んで、臭いがひどい、といった苦情もある。日本は基本的に衛生状態がいいから、いくら風呂に入らず臭いといっても、それで死んでしまうわけではない。

さらにいうと、そういう老人でも、よく見ていると、自分でコンビニに行って弁当を買ってくることができる。

家族からすれば、以前できていて、いまできないことについ目がいきがちである。料理の火を消し忘れる、電気器具がうまく使えない、ものの名前が出ないなど、欠損した部分に注意がいくのは仕方がないことである。家族は〝ふつう〟のときの状態をずっと見てきたからである。

しかし、私のように初めて会うような人間は、ひどい認知症と聞いて会ってみたその人が、なんだコンビニに買い物に行けるじゃないか、とできることに目がいく。なにが失われたかを知らないからである。しかし、**できないことが増えた、ということは、できることも残っているということでもあるのである。その対比があるから、失われたものが大きく見える**のである。

もし家族も私と同じ視点に立てれば、おそらく気持ちはもっと楽になるのではないだろうか、と思う。できること、長所を見るのである。

認知症の人を、赤ん坊返りととらえる人がいるが、これはまったく見当違いといっていい。なぜなら、子どもはこれからいろいろな能力を獲得していくのであり、ちょっとしたお買い物もできないのは、まったくの初めてのことだからである。

認知症の人でもやすやすとコンビニに行けたりするのである。大人の状態で、いままでできていたことの一部ができなくなっただけである。

人を見る場合に一面的に見ると、たいていは間違いを犯す。認知症の人にだってさまざまな人がいる。

だから、**人をバカだと切って捨てるのは、間違いであるばかりか、それこそ愚の骨頂**なのである。

賢さとは何か

私は医学部で専門課程の授業は通算3回しか出ていない不真面目学生だった。映画監督になりたくて、資金集めのためのイベントなどを開催し、結局、映画作りはうまくいかず、借金だけが残ってしまった。

その借金を返すために、学生時代はアルバイトに明け暮れた。おかげでアルバイト先でいろいろな人に出会い、刺激を受け、精神科に進んだことで、さまざまな師にも出会うことができた。

その経験から、私は少しずつ変わることができた、と思っている。若いころの私は人の話をろくに聞こうともしなかったし、自分を賢い人間だと思い込んで、そうふるまったりしていた。本当に嫌なやつだったと思う。

賢さを自分なりに定義すれば、つねに勉強を怠らないこと、考える習慣をもっていること、そしてつねに自分の考えを変える用意があること、ということになる。

私は1988年12月から老年精神医学に携わるようになった。自然と、むかし偉かった人、栄華を極めた人の晩年も見ることになる。概してそういう人たちが幸せそうに見えなかったのである。

地位を失ってからは、人が寄り付かない。とくに上にへりくだって出世したような人、上にへこへこして下をかばわなかったような人は、よけいに見舞いに来る人がいない。部下思いで、なにくれとサポートしたような人には、定期的に見舞いの人が顔を出す。

そういうのを見ていると、名を成すってなにか、出世ってなにか、金を儲けるってなにか、と考えるようになる。上に媚びてまで偉くなってもどうしようもないな、という気持ちになってくる。私たちの業界でいえば、教授になっても、けっして幸せではないな、と。

私は自分の小さなクリニックと受験の通信講座をやっているが、感覚はフリーターである。そういうあり方のほうが自由に感じるようになった。

もともと上に媚びたり、上下関係のようなものが嫌いだったが、晩年の人たちに接することで、そんなことに気を遣わないでこれたことが、幸せだったと思うようになった。

もしもの話だが、私の本がベストセラーになり、政治新党の党首に担ぎ出され、運よく総理大臣になったとする。しかし、その大きなピークを経験したあとの人生の虚しさを考えると、そういう極端な幸運など要らないと思う。

いまは結局、幸せのピークはなるべく人生の後ろにもっていったほうがいい、と考えるようになった。若いときは世の中に出たくて焦り、それで無理をしたりもするわけだが、早くに絶頂を迎えた人はあとが大変だということが分かってきた。

テレビや映画で活躍する人でも、長く続いているのはバイ・プレイヤー的な人のほうが多い。女優・樹木希林《ききききりん》の活躍と死後の名声を見れば、そのへんのことは納得がいくだろう。主演級が長続きするのは、大変なことである。彼ら自身、一度スポットライトが自分に集中することを覚えると、人気がなくなったからといって、脇に回ることはできない。

若い人にはなかなか理解してもらえないかもしれないが、**幸せのピークは後ろにもっていくほうがいい**、という考え方があることは、知っておいてほしいと思う。

バカとは停滞すること

テレビの世界ではいまだに東大がブランドとして機能している。「東大王」というクイズ番組で、数学から音楽、生物にいたるまで知らざるものなし、の活躍をする。といっても、私などは、スマホで調べればすぐに答えが出るようなことを知っていても、あまり意味がないように思うのだが。

私はもう60歳になった初老の男性である。その人間をつかまえて、「東大理Ⅲ」の話を持ち出す、つまりそれゆえに私が賢いとお世辞かもしれないがいってくれる人がいる。私はそのたびに、虚しさがこみ上げてくる。まったく進歩がない、といわれているのと等しいからである。

それよりも、私の作った映画のどこがよかったとか、私の書いた本のここが印象に残った、といわれるほうが、格段にうれしい。

たしかに大学に受かったころは、よく頭は働いたかもしれない（受験技術が優れていた、という考え方もあるが）。しかし、それはあくまで当時の話である。

若いころから私には〝バカ恐怖〟のようなものがあった。停滞して、進化のない状態が怖いのである。

人は、学歴や肩書きで人を判断する。そして、一度利口になったら、ずっと利口のままだと思っているらしい。それは大いなる勘違いである。実際のところ、若いころはエッジの利いたキレのある本を書いた人が、年数が経って、生彩がなくなり、まったく書けなくなることがある（かえって、そっちのほうが多いかもしれない）。

大学を出て、10年、20年、30年と経てば、秀才の誉れの高かった人が凡庸な人間になっていることもあるし（前述の東大理Ⅲを出てもさえない医者はいっぱいいる）、凡庸と見えていた人がすごく仕事のできる人間になっていたり、不愛想なやつが付き合いのいい人間に変わっていることなど、いくらでもある。

そこを**最初にバカと利口で切って捨てると、将来の変化も一緒に見逃してしまう**ことになる。それはすごくもったいないことである。

もったいないというのは、実利的な意味もあるが、人間のさまざまな豊かさに触れずにいるのは残念である、ということである。

大学を出て10年目ぐらいのときに、灘高校の同窓会があった。むかし愛想がよくなかった男が近づいてきて、「お～久しぶりやな～」「テレビよう出とるな」と声をかけてきた。その変わりように内心驚いた。民間会社に行くことで、これだけ変わるのか、という驚きである。素直に私は、社会に出て磨かれたな、と思った。

一方、イスに座って動かず、挨拶に来る人間だけに応対している男がいた。秀才で鳴らした男だが、学生時代よりむしろ愛想が悪くなっている。官僚になったせいかもしれない。進歩が止まっているように、私には見えた。

3日あれば人は変われる

私が精神科医になったのは、ろくに授業にも出なかった自分が内科や外科の医者になれば、いずれ人を殺してしまう、と考えたからである。

ところが、医者になって3年目のときに自分の患者の自殺に遭遇した。私は自分のうかつさにうろたえた。それを機会に真面目に精神医学に取り組むようになった。

だめ学生だったことで、説教されたこともある。私のような映画を撮りたいために医者になるなどという不埒《ふらち》な学生がいるおかげで、本来、東大医学部に入って人の命を救うべき人間が受験で振り落とされている、というのである。あまりにも正論なので、私は黙って口をつぐんでいた。

その説教をした男と10年後に顔を合わせた。彼は、「まだ臨床なんかやっているのか」と私にいった。彼は患者を診ることはあくまでも副業扱いのスタンスで、とっくに研究こそが自分の本職という発想になっていたのである。

私はそのときどう答えたか覚えていない。ただ、素直な気持ちをいえば、その自殺の事件以来、私はずっと患者のそばにいる医者を通してきた。この姿を見てもらえば、私のせいで入学できなかった人も許してくれるだろう、と思うのである。逆に私に説教した男は、医局という環境の中で研究第一に変わり、人の命を救うことが二の次になったのだろう。

人間はときに劇的な変わりようをする。教育もたしかに大事だが、環境のほうがもっと強く人に作用する、と思う。だから、〝決めつけ〟で生きていると、その変化の可能性を自ら閉ざすことになる。

ことわざにも、「男子、三日会わざれば、刮目《かつもく》して見よ」とある。男は三日で大きく変化するから、注視せよ、という意味である。いまなら「男子」ではなく「人間」と言い換えたほうがよさそうである。

3 バカの壁と利口の壁

利口な人もバカをやる

バカと利口という区分でものごとを考えていると、それでは割り切れないことが多々起きる。

東大出の若い政治家が酔っぱらって原発をめぐる不適切発言をしたり、東大↓ハーバード大の大学院↓厚生労働省↓国会議員という秀才の道を歩んだ女性政治家が、自分の秘書を「このハゲー！」と罵ったり、財務省の出世頭が、だれをかばうのか、あるいはだれに入れ知恵されたのか、なんとも理屈の立たない、屈辱的な国会答弁をくり返したりする。テレビで全国に放映され、ネットで拡散されるのが分かっていても、である。

賢い人はバカなことはしない、と思っている人にとっては、理解不能なことかもしれない。そうではなくて、**ときに人はバカなことをしたり、ときに賢かったりする**と考えたほうが、人間の実態に近いのである。

だから、その女性政治家にしても、いつもバカだということはなくて、なにかの機会にキレただけなのかもしれない。一度、激しく解放した感情が気持ちよくて、それに引きずられていた可能性もある。たまたま彼女がラジオに出ていたのを聞いたが、話も分かりやすく、きちんとした理想をもっている人のようだった。

明石市の市長が、道路拡張で立ち退きが進まないのに業を煮やして、担当職員に「火ぃつけてこい」と怒鳴ったことが話題になったが、かなり有能な市長らしい。教育行政などでも実績を残している。NHKディレクターから国政に出て、そして市長に転身して、2期目に事件が表ざたになった。しかし、出直し選挙では勝っている。神戸市は人口減だが、明石市は人口を増やしている。

彼はあまりにも職員がふがいないので、一喝《いっかつ》に及んだわけだが、彼だってふだんはふつうの人なのである。なにかで感情のコントロールが利かなくなり、一時的なバカになったのである（やる気のない職員にハッパをかける意味で、あえて過激な言い方をした、ということも考えられる)。

私には停滞を恐れるという意味で〝バカ恐怖〟があると先に述べたが、こういう瞬間的に変貌するバカにもなりたくない、と思っている。**ここでいうバカとは、社会的な常識をなくす、という意味**である。

モラルと頭のよさは関係がない

子どもを見ていると分かるが、親が挨拶をする人であれば、子もまねて挨拶する子になっていく。人から受けた恩義は忘れないとか、借りたものは返すとか、ウソはなるべくつかないとか、そういったことは、頭のよしあしとは違うレベルのことなのに、一緒くたにして考える傾向がある。

だから、エリートがなにか不祥事を引き起こすと、裏切られたとでも思うのか、逆に振れて、非常なバッシングに走る。学歴はあっても、人間的な基礎ができていない、とは思わないのである。

不思議といえば不思議な話だが、こういったことは枚挙にいとまがない。ある若い女性は、平気な顔で次のようなことをいった。

「家が貧しかった人間は、大人になって金に汚くなるのがふつうである。そういう人が政治家になれば、当然のごとく賄賂をもらい、脱税をする。それが世襲議員であれば、お金に困ったことがないから、地位を利用してあくどいことはしない」

彼女は真顔でそういうのである。

別に彼女が特別変わっているわけではない。人はこの種の思い込みをたくさんもって生きている。いわゆるヘイトスピーチや嫌韓、嫌中などもその類いである。

そして、それが正しいかどうかなどは検証しない。バカと利口を対立させる思考も、その思い込みのひとつである。

EQ登場の本当の理由

もう25年前になるだろうか、EQということばが流行ったことがある。概念の提唱者はイエール大学ピーター・サロヴェイとニューハンプシャー大学のジョン・メイヤーだが、その後、「ニューヨーク・タイムズ」で行動心理学について執筆していたダニエル・ゴールマンが書いた『Emotional Intelligence』が全米でベストセラーに。

ＩＱ、つまり知能指数ばかりか感情的な指数Emotional Intelligence Quotientも大事だということを説いた。原著のタイトルにある通り、もともとは「感情的知能(Emotional Intelligence)」ということばが使われていたが、雑誌「ＴＩＭＥ」でＩＱに対抗するものとしてＥＱが紹介され、日本で翻訳を出す際に、その呼び方を用いたことで普及した（邦訳は『ＥＱ　こころの知能指数』講談社）。

日本ではＩＱはもう古い、ＥＱの時代だ、と宣伝されたこともあって、両方が大事だという受け止め方がされなかった。

彼らが挙げるＥＱの5大要素は以下の通りである。

1　自分の感情を正確に知る（一種のメタ認知である）

2　自分の感情をコントロールできる

3　楽観的にものごとを考える（認知療法でいうプラス思考）

4　相手の感情を知る

5　社交能力（これを身に付けるには、前記の4項が必要とされる）

正編は大変な売れ行きだったが、その実践編ともいうべき『EQ リーダーシップ』（日本経済新聞社）は、日本ではあまり売れたと聞かない。アメリカでは正編と同様の売れ行きだったことと比べると、日本人の熱しやすく冷めやすい性癖がよく出た事例ということができる。理論を学んで、実践編を読まずにすませたわけだけだから、EQ理論が根付かなかったのもよく分かる。

日本では外来のものに大騒ぎしては何も残らないというパターンが、えんえんとくり返されている。

発信元であるアメリカではいまだにEQは大事な概念として扱われている。というのは、これはアメリカの文化から必然性があって導き出されたもので、時が移ろおうと、簡単に変わるものではないからである。

アメリカはとんでもない学歴社会で、EQが提唱された時代からもっと進んで、いまでは州立大学を出ても、安定した職に就けない可能性があるといわれるほどである。学費の高騰も激しく、大学を出るまでに1千万を超える学費ローンを抱え込み、それで高給のもらえる仕事に就けなければ、ずっと借金生活を続けざるを得なくなる。いったいどうしたらいいんだ、ということで学費ローンの免除を訴え、民主社会主義者を名乗るサンダース議員が若者に支持される現象が起きている。社会主義などアメリカ人が毛嫌いすることばの最たるものだが、むかしを知らない若者には新鮮なものに映るらしい。

学歴社会の勝ち組といえば、ハーバードやスタンフォードなどの名門大学を出た学生である。ところが、そのサラブレッドのなかに勝ち組にならない層がいる。調べてみると、15%にも及ぶという。

その理由を探っていくと、コミュニケーションに難があるとか、感情的なコントロールが利かないとか、IQとは別の側面が見えてきた。そこを補強しないとせっかくのIQを生かせない、というのが、ベストセラー本の本当の理由である。

私が本書でバカと利口の区別は止めて、もっと幅と深みのある考え方をしよう、というのも、ある意味**EQの復権**である。冷たい指標で人間を区別するよりも、もっと違う尺度でやりましょう、という提案である。

EQから見た個性という概念

EQはハーバード大のハワード・ガードナーの「多重知能論」から来ている考え方である。彼によれば、IQ的な知能とは言語的な知能と論理的な知能を指すが、こういうタイプだけが頭がいいわけではなくて、以下のような「**性格的な頭のよさ**」もあるといっている。

音楽的なセンスのよさ、**身体運動感覚**（アスリートばかりか外科医、エンジニアなども含む多義的な言葉）のよさ、**空間的認識能力**（空間のパターンを認識して操作する能力のこと。パイロット、建築家などには欠かせない能力）の高さ、**対人的知能、内省的知能**（自分自身を理解する能力）の高さ、などがある。

のちにガードナーは、スピリチュアルな知能や見慣れない生物を適切に分類できる博物的知能などを加えて、多重知能論を展開した。EQがそういう地盤から出てきた、というのはよく分かる気がする。

彼はすべてに優れている人はいなくて、これらのうちどれかが発揮されて、その人の個性になると考えた。

東大生が負ける〝ぐるぐる思考〟

ＮＨＫに「すイエんサー」という番組がある。人気科学番組で、これはある意味、衝撃的な番組である。２００９年から放送されている長寿番組でもある（『女子高生アイドルは、なぜ東大生に知力で勝てたのか』村松秀、講談社現代新書）。

番組から与えられた科学的な課題をめぐって、現役女子高生を中心とした、アイドル予備軍の女子たちと有名大学の学生たちがバトルをくり広げる。彼女たちを「すイエんサーガールズ」と呼ぶ。

ふだんは、バースデーケーキのろうそくの火を一気に消したり、カステラの紙をきれいに剥がしたり、蜜の入ったリンゴを見分けたり、日常生活のなかから課題が出され、それを彼女たちが解いていく。台本もなく、打ち合わせもなく、「ガチンコ」でトライするわけである。

担当ディレクターだった村松秀は、彼女たちの思考法を「**ぐるぐる思考**」と命名している。あっち行ったり、こっち行ったり、ぐるぐるをくり返しながら、答えにたどり着く思考法のことである。

どういうわけか、学歴的には圧倒している東京大学、京都大学、東北大学の学生たちが負けを喫することになる。戦績は5勝4敗で、女子たちのほうが勝ち越している。

たとえば、A4の紙15枚を使って「橋」を作り、どっちが強度の強いものを作れるか、という課題が出される。結果をいえば、東大チームは5キログラムのおもりに耐えられる橋を作ったが、すイエんサーガールズはなんと18・5キログラムである。

彼女たちはああでもない、こうでもない、と試作するうちに、紙は丸くすると強度を増すことを発見する。完全ぶっち切りの勝利である。なにあろう、選ばれた東大生は工学部系の学生だった。

次も東大生とのバトル。A4の紙50枚を使って、より高い構築物を作ったほうが勝ち、というものである。ただし、40センチメートルを超えるごとに「おもりゾーン」を用意し、そこにスーパーボール1キログラムを入れる、という条件が付いている。

東大生は前回も参加した工学部が1人、理学系が2人、そして法学部系が1人という編成である。

その東大生のペーパータワーの高さは72センチ、対するすイエんサーガールズは1メートル20センチで、またしても東大に勝利。

この女子高生たちの能力が抜群に高いわけではない。おそらくだが、ふつうの高校生でも、この〝偉業〟を成し遂げる可能性がある。

この一件から、いままでの教育の限界がよく見えるし、才能ある子どもたちをいかに延々と押しつぶしてきたかが、よく分かる。

だから、バカだ、アホだ、などといっているのが、それこそばかばかしくなってくる。みんな頭いいじゃん、といいたくなる。

4 バカが世界を変える

バカ枠

私が大学で唯一まじめに出たのが、教養学部時代に義江《よしえ》彰夫《あきお》という先生が行っていた日本史の少人数の講義だった。だれにでも「優」を出すといわれていた。

私は数学の解法などは覚えることができるのに、人の名前や年号などを覚えることがさっぱりできない。だから、だれか「有名な哲学者の○○がこういっていた」式のことがいえない。なにをいったかはだいたい覚えられるのだが、だれがいったのかを覚えられない。人の名前を出すほうがインテリっぽく見えるのだが、書くほうはまだしも、話すとなると名前が出てくることがない。

そういう人間でも、義江先生の授業は出ていて楽しかった。自由に自分の意見をいうことを許してくれたからである。かなり歴史の常識に反することでも、先生は「それはおもしろいね」と聞いてくれる人だった。先生自身からも質問が飛んでくる双方向のアメリカ式の授業だった。

私以外は歴史おたくばかりで、結局、私ひとりが〝バカ枠〟で参加して、授業をひっかき回していたようなものだ。その効用に気づいたのが、先生の偉いところではないか、と思う。

その関連で思い出すのは、北海道テレビ（HTB）の「チャンネルはそのまま！」という番組である。同局の開局50周年を記念して制作された連続もののドラマだが、Netflixで配信され、ローカル局の枠を超えて人気を呼んだ。

地方（もちろん北海道）テレビ局が舞台で、強力なライバル局を相手にどこまでやれるか、というのが見どころになっている。いろいろな手をくり出すが、ことごとく真似をされ、出し抜かれてしまう。ベンチャーのアイデアを大手が盗んで潰してしまうというのは、実際のビジネスでもよくあることである。

後発テレビ局の起爆剤になるのが、〝バカ枠〟で採られたと噂の新人女性記者雪丸花子である。とてもマスコミの入社試験を通るような子ではない。なにか特別な訳があって採用されたのではないか、とみんなが思うのもごく自然で、まともな文章も書けないし、取材力はないし、いい企画も出せない。上司は手を焼いて、真っ赤にして原稿や企画書を突っ返すが、「さすがです」といって意に介している様子がない。

だけど、この女性はとにかく一生懸命で、天然の明るさが際立っている。取材に行けば、必ず自分のファンをつくって帰ってくる。それがじつは後で、とても大きな見返りとなって返ってきて、競合ライバルを視聴率で出し抜くことになる。バカ枠の人間が企んだわけではなく、天然でサクセスを呼び込んでしまうストーリーは、見ていて気持ちがいい。

劣等性が次の主役

そんなのドラマの作り話ではないか、というかもしれないが、日陰ものだった人間が起死回生の役割を果たした例はいくらでもある。

たとえば、私の好きな映画を例にとってみよう。映画産業が産声《うぶごえ》をあげたころ、世間的な評価は低く（それこそ戦前は、不良の見るもの、という印象があった）、したがって俳優のなり手がいない。芝居のできる人間として歌舞伎の世界などに目をつけるのだが、名門からは出てもらえない。自然、小さな役でしか舞台に立てない人間を誘って、映画に出てもらうようになる。

やがて映画が大衆の娯楽として熱烈な支持を受けるようになって、高額な出演料が出せるようになり、評価が変わっていった。もちろん現場はみんな世間ではバカにされてきた人間ばかりだから、やる気もエネルギーも違っていた。

次にテレビが登場する。そのときは、攻守ところを変えて、今度は映画が主流で、テレビが新参の脇役である。だから、映画界で名をなしていた人物は俳優陣を含めて手を貸してくれない。仕方なし、映画ではなかなか芽を出せない役者を呼んだりして、間に合わせた。会社内でも花形の仕事をしている人間はもったいないということで、傍流の人間を出向させ、足りない部分は外からフリーの人間に声をかけて参加してもらった。

そして、今度はテレビの時代がやってくる。映画と同じように、傍流や脇役だった人が次のメジャーになっていく。

いってしまえば、**時代を次に回せるのは、バカといわれる人たち**だ、ということである。主流にいる羽振りのいい人間はリスクを犯すのが怖いし、外に大きな可能性が広がっていることに気づけない。新規事業などリスクが大きすぎて、バカらしくて首を突っ込めないというわけである。

ジョブズはなにが凄いのか

故人となったアップルの創業者スティーブ・ジョブズはいまや伝説の人物のような扱いだが、彼は自分で立ち上げた会社から追い出された人物である。しかも自分がスカウトした人物に寝首をかかれた格好になる。そこで作ったのがネクスト、そしてピクサーというアニメ会社である。ピクサーの業績がぐんぐん伸び、古巣への帰還が成就することになる（ネクストはアップルが買収する）。

ジョブズはＩＴの専門家ではないし、デザイナーでもないし、技術屋でもない。そういう彼だから、スマホでパソコンをつくれ、などという破天荒なことをいい出すのである。

彼がすごいのは、大衆が求めているものを感覚的に分かっていたことと、それを追求することに妥協がなかったことである。

もうひとつ、彼が優れていたと思うのは、本当に必要なものであれば、値段が高くても人は買い求める、と考えたことである。私は1991年から3年間、アメリカに留学していたので、当時の雰囲気がよく分かる。いまの日本と似て、なんでも安ければいい、という時代だった。要するにそんなことはだれも考えなかった時代に、そう考えたのだ。

私が日本から持って行ったのが薄型のカセット型ウォークマンである。日本円で3万円だから、現地で300ドルのはずだが、どこにも売っていない。周りの人間は20ドルくらいの分厚いウォークマンを聞いていた。私が最新ウォークマンで授業を録音していると、「それはなんだ？」と聞いてくるので、値段をいうと、驚いた顔をしていた。

そういう時代にひとり気を吐いて、ジョブズは値段の張るパーソナル・コンピュータ、マッキントッシュを世に送り出していた。アメリカ人を高くてもいいものは欲しいという風に変えていったのである。紆余曲折はあったものの、のちにiPhone発売へと漕ぎ着けるわけだが、彼を神話化するばかりではなく、では**日本で彼のような破**

天荒な人物を許容することができるだろうか、と考えたらどうだろう。

第1次アップルの時代も、次に立ち上げたネクストでも、そしてルーカスフィルムのCGアニメーション部門を買い取ったピクサーでも、彼が見せた狂気じみたのめり込みようを、この日本で受け入れることはできるだろうか。

彼は不死鳥のように蘇ったが、バカさ加減が深いからよけいに、その復活のさまが感動的である。しかし、そばにいれば面倒臭い人物だろうし、たとえジョブズになれる権利をもらえても、それを行使する気にはなれないというのが、大概の人の考えではないだろうか。人から浴びせられる罵詈讒謗《ばりざんぼう》とその結果の孤独に耐えられそうもないからである。

だけど、ジョブズのような〝バカ〟が、世の中をかき回してきたのは確かである。

のび太効果

『ドラえもん』ののび太とジョブズを一緒にすると、読者に叱られそうだが、私には2人はある意味、よく似て見える。というのは、**自分はなにもしないのに要求の度合**

いだけは高いからである。

のび太はふつう以上にだめな子で、取り柄といってもなにもない。困るとすぐにドラえもんにすがって解決してもらう。しかし、**要求の多いのび太がいることで、ドラえもんも自分のもつ能力を存分に発揮できる機会を与えられているともいえる。そういう意味では、持ちつ持たれつの関係**なのである。

ふつうでいえば、のび太は「バカだなあ」といわれるような子なのだが、**自分が欲しいものに関しては貪欲で、その欲望には終わりがない。その点を見れば、すごくジョブズ的**である。もしのび太のような人間が会社にいたらどうだろう。

いままでは専門の開発者や技術者がいて、新製品を世に問うてきたが、ここしばらく低迷期に入っているとする。そこになんでも要求するのび太を投入するのである。あれが欲しい、これを作ってほしい、ないと困る！　とだだをこねる。

彼の欲しいものは、じつは世の中の人が欲しがるものと一致する。それは子どもばかりではない。大人だって欲しいものがたくさんある。ほんやくコンニャク（食べるとあらゆる言語が母国語に翻訳されて聞こえる）などその最たるものだろう。

従来のやり方が、専門家を立てて行き詰まったのなら、違う角度で発想できる人間を連れてくるのが、賢いやり方である。それこそゼロベースで考えられるのび太のような人間が求められる理由である。

よく問題解決型能力と問題発見型能力という言い方をするが、**既成の筋がダメになったときに必要とされるのは、問題を見つけ、それを提言する人間である**。つまり問題発見型能力が求められる。

われわれは、問題を与えられて解決することは得意でも、自分から問題を発掘することを怠ってきた。**ジョブズが際立っているのは、未来を見据えて、不可能と思える課題を設定したこと**である。

近ごろ、数学のABC予想というのが、京大の望月新一《もちづきしんいち》教授によって解かれたというので大騒ぎになった。数学には絶壁のような大難問がいくつかあって、そのうちのひとつが35年ぶりに解かれたわけである。物理でいえばアインシュタイン級の発見であるらしい。このおかげで、ほかの難問も解ける可能性があるといわれている。

世界でこれを理解できるのは数人しかおらず、そのため査読に長い時間（7年半）がかかったという。その難しい中身に立ち入る気はまったくないが、私が不思議に思うのは人が解けない問題をどう考えつくか、ということである。ふつうなら、問題が設定できるのなら、答えも一緒に分かっているのではないか、と考える。

しかし、数学の世界では、そういうことにはならない。フェルマーの最終定理にいたっては解ける人間が出るまで330年もかかった。同様にだれも解けないような問題がまだいくつもあるのである。その問いに答えることで数学という学問が大いに飛躍し、実社会にも巨大な影響を及ぼしていく。

ただ、ここでも大切なのは**問題発見能力**である。フェルマーの定理を見れば分かるように、フェルマーのほうが330年後にこの難問を解いたアンドリュー・ワイルズよりはるかに有名なのである。

英国の政府機関の調査では、イノベーションの経済効果を投資で割った「投資効果」は、物理は31倍、化学が246倍なのに、数学は588倍だという。数学は紙と鉛筆ですむ世界だから、他に比して投資効果が大きいのは分かるが、地下水脈のように産業を潤していくような実利性も高い、というのは驚きである。

これからは、**そんなバカな、という要求を発するのび太のような人間がますます必要になってくる**のではないだろうか。

バカがイノベーションを起こす

万能細胞の開発で、まったく新しい発想でブレークスルーしたのが、iPS細胞でノーベル賞をとった山中伸弥《やまなかしんや》である。彼は万能細胞を作るにあたって、受精卵のクローン化が主流のところへ、でき上がった細胞を初期化すればいい、というまったく逆の発想を持ち込んだ。なににでも変わっていく細胞を作るのだから、ゼロからやろうと思うのが自然である。でき上がった細胞から逆をたどるという発想にはなかなかならない。それも4つの遺伝子の操作だけで可能だといって、実際にiPS細胞を作ってしまった。

これはとんでもないことである。まさに、そんなバカな⁉　である。

山中は整形外科医として出発したが、すごく手術が下手だったらしく、ジャマナカという不本意なあだ名までちょうだいしている。だから、そっちの道は捨てて、途中から研究者の道に入る。そのときの教授がよかったのだろう、アメリカでの勉強の機会をもらう。日本では実験に使うネズミの管理まで研究者がやらないとだめだが、アメリカは研究とそういうことは完全に切り離されている。

アメリカでは精神医療の世界でも、もし患者が暴れた場合、拘禁を行うのはセキュリティと呼ばれる専門の人間である。それによって、患者と医者の関係がまずくなることが予防されている。日本では医者や看護師がこれをやるので、その後も患者との関係がかなりまずいものになる。

アメリカは何事にも専門化がすごく進んでいて、金融マンだとかコンサルタントなどがそうだという話ではなく、さまざまな現場で仕事の範囲が確立されている。だから、患者を拘禁するのにも専門家が出てくるのである。

さて山中だが、アメリカから帰国して見たのは、相変わらず研究者がネズミを飼育する世界である。そこで大学を変えて、奈良先端科学技術大学院大学に行き、画期的な発見に至ったというわけである。

劇的なイノベーションを起こすには、山中のような**桁外れの〝バカ〟を許容できるかどうか**が重要になってくる。プロデュース側は、その人物の将来性まで読み取らねばならない。

遺伝子操作をせず、画期的な万能細胞、ステップ細胞を作ったとエプロン姿で発表して、全国の話題をさらったのが小保方晴子《おぼかたはるこ》である。その後、論文のコピペ問題などで実験の信ぴょう性が疑われ、大バッシングを受けた。ＳＴＡＰ細胞は簡単に再現できる、といってしまったこともあって、引っ込みがつかなくなった。事を急がないで、ほかの研究者の検証を待っていれば、違う結果を生んだかもしれないと思う。

私はこの10年ぐらいで、いまの遺伝子操作とは違う、小保方並みの簡易なやり方で万能細胞が作られるようになるのではないか、と考えている。技術の進化を考えると、そこに行きつくしかないと思えるからである。

そうなった際に、最初にアイディアを出した小保方はノーベル賞が取れたかもしれない。しかし、論文を撤回してしまった。

それにしても、あのすさまじいバッシングはなんだったのだろう。へまをした、バカな女がいるぞ、と見ると、容赦なく叩きまくる。急激に手放しで褒めるのも問題だし（雑誌『ネイチャー』が認めた、ということが大きな権威づけになった）、ここぞとばかりに落としにかかるのも問題である。**極端だけがあって、あいだの〝グレーゾーン〟がない**のだ。

平均者よりも独立者

芸術の世界に「**アールブリュット（生《き》の芸術）**」といわれる、比較的新しい分野がある。これは知的障害などのある人たちが表現した作品を総称することばである。

たとえば、ヘンリー・ダーガーは、えんえんと彼独自の世界を描き続け、死後、その作品が見出された。彼自身は精神病院に入れられたものの、精神障害を病んでいたわけではないといわれる。ヘンリーは子どもたちのユートピア的な世界と残酷な仕打ちの世界を執拗に描いた。病院を抜け出したあとは、教会の清掃員をして一生を独りで暮らしたという。

アール・ブリュットには、細密画のようなものもあれば、色彩だけの世界もあれば、あるパターンだけをくり返す作品もある。彫刻もあれば、コラージュもある。

アールブリュットとは別だが、水玉模様で有名な草間彌生《くさまやよい》は、統合失調症と診断されていて、幼少時からの幻聴、幻覚を作品に昇華させているといわれる。あの執拗な反復力を見れば、驚異というしかない。

時代をさかのぼれば、貼り絵の山下清《やましたきよし》がいる。放浪をくり返しながら極細密な貼り絵を遺した人だが、小さいときに風邪がもとで言語障害、知的障害となっている。人は彼らをけっしてバカとはいわない。それは、端倪《たんげい》すべからざる別種の才能をもっているからである。

よくいわれることだが、**日本の教育は平均者をつくり、欧米先進国は独立者をつくる**という。たとえば、日本では5教科のうち算数の点数が悪いと、それをほか並みに引き上げようとする。

しかし、欧米では算数だけが突出していれば、そこをさらに伸ばそうとする。まさに上記のアールブリュットな人たちと同じである。

日本でもアスリートの世界では、秀でたところをさらに伸ばす方向に切り替わった。アメリカで二刀流で大活躍する大谷翔平《おおたにしょうへい》選手などを見ても、両親、リトルリーグや学校のコーチが、ひたすら彼の能力に変な手を加えず、すなおに伸ばす方向で育ててきた。

日記もつけさせて、自分で課題を見つける癖もつけている。大リーグに行って本番が始まるまでの彼の評判はひどいものだった。それが自分で打撃のステップを改良して、向こうの投手に合わせていって、開幕後は高打率を上げた。こういう才能がそこらじゅうに出てくるようになれば、日本もものすごく生きやすく、楽しい国になる。

そうなれば、バカだ、アホだ、ということばを使うこともなくなっているかもしれない。

高卒大統領トルーマンの奇跡

私がふだん気を付けているのは、自分の思考を自由な状態にしておいて、発想を柔らかくすることである。いちばんいいのは、**大多数の人がこうだ、と思っているときに、本当にそうなのか？　とあえて天の邪鬼《あまのじゃく》になって、疑問をぶつけて、自分なりに考えてみる**ことだ。

たとえば、日本の経済はずっとトンネルのなかに入ったまま、外に出られない状況である。どうにかして政府も、民間も、生産性を上げようと躍起になるが、ほぼ変化が起きない。開始当初は華々しかったアベノミクスも、ほぼ命脈が尽きた感じである。

経済学者のなかには、ほかの先進国は2～3％の経済成長率を達成していたことから、皮肉交じりに「日本は無理に成長しないように圧力をかけているように見える」などといっている人がいる。

私などは経済の素人だから自由にものを考えることができる。いままでやってきたように、生産性を喚起しようとしてもだめなら、消費を喚起してはどうか、と逆のことを考える。消費税をゼロにするのもひとつの方法だし、逆に直接税を高くしてお金を使うほどに経費として認めて税金が安くなるように税制も変えるという方法もある。一律にお金を配って、それで消費を呼び込もうというベーシック・インカムという考えも、ありである。

30年もいろいろやってだめなのだから、思い切った手を打つしかないではないか。専門家からは「前例がない」「バカをいうな」と一蹴されそうだが、ここまで打開策が見つからないとしたら、180度視点を変えるのも選択肢としてありだろう。

じつはこれには前例があって、20世紀のアメリカの大統領で唯一高卒なのが、**ハリー・トルーマン大統領**である。日本に原爆を落とした大統領として有名だが、彼は軍人上がりで、ソ連との冷戦を勝つためにも十分な軍事予算が必要である、と主張した。

では、その財源をどうするか。

経済の知識など持ち合わせていないから、取れるところから取る、というじつにシンプルな発想をした（この話はノーベル経済学賞を受賞したポール・クルーグマン博士が書いていることを基にしている）。富裕層から取る、ということである。

その彼が打ち出したのが、なんと累進課税で最高税率を91パーセントにするという荒業《あらわざ》であった。経済学者たちは、なんとバカな、と批判した。前例がない。高率の税に嫌気が差して、起業マインドが冷えてしまう、とさんざんである。

ところが、予想とはまったく違う現象が起きた。いくら稼いでも税金でもっていかれると思うから、富裕層である経営者は利益の多くを社員の給料に回したのである。労働者は家に帰れば生活者、消費者である。プラスされた給料に気をよくして、自動車や電気冷蔵庫、マイハウスを買うようになった。

フォード、ゼネラル・モーターズ、ゼネラル・エレクトリックなどの企業が業績を伸ばし、どんどん税収が増えて、トルーマンの計算以上に国防にお金を使えるようになった。そのうえ、アメリカに豊かな中間層が生まれた。これらはみな、トルーマンのおかげである。

日本も戦後、最高税率88パーセントというのがあった。黒柳徹子の『窓際のトットちゃん』が８００万部の大ベストセラーになったが、懐に入ってきた莫大な印税は、その税率で9割ももっていかれた、と彼女は後に嘆いている。

日本でもその時期に中間層がたくさんできたわけで、高税率には思わぬ副次効果があったことになる。

最近でも、最低時給を15ドルに引き上げたシアトルの例がある。全米の平均が7・25ドルだから、その2倍強である。

そんなことをすると経営者は人を雇わなくなると大反対の声が上がったが、大胆に実施したところ、みんなの賃金が上がって、街で買い物をするようになり、経済は好調、雇用も増えたという。トルーマン理論はやはり有効なのである。

私はへそ曲がりだから、もっと別のことも考えている。財務省や経済産業省の大臣に女性的な（「男まさり」ではない）女性を据えて、消費喚起の政策を立ててもらうのである。世の男性は、生産性にしか目が行かないが、女性は消費することが大好きである。休日のデパートのアクセサリー売り場に行けば分かるが、若い女性でいっぱいである（いまはコロナ禍で不況だから、そうでもないだろうが）。

使い方のうまい彼女たちが経済をリードすることで、日本は不況から抜け出せるかもしれない。ついでに日銀総裁も女性に替わってもらったらどうだろう。ばか者や社会的弱者や日陰者には、大きく世の中をチェンジさせる力がある。既存の枠に収まっていると、旧弊を破ることなど到底できない。

おバカのメリット

よくビジネス書などで引き合いに出される**パレートの法則**というのがある。2割の要素が全体の8割を生み出しているというものである。組織に応用して、できない人が2割、その人よりもう少しできる人が3割、そこそこできるという人が3割、そしてできる人が2割で構成されているという考え方もある。この考え方でおもしろいのは、もし上位の2割がいなくなれば、残りからまた2割の「できる人」が生まれてくる、という点である。

組織には必ず下位の人間がいないとうまく機能しないという考えもある。それは差別ということではなくて、ある集団がまとまりをもち、かつ力を発揮するには、構成員の資質が均一であったり、できる人間ばかりだと、外に向かうパワーが強くならない。雑多な要素があるまとまりをもつからこそパワーとなる、と考えるのである。

最近よく聞くことばに**ダイバーシティ**があるが、**多様性**と訳されることが多い。みんながそれぞれ単一で、個性をもっていることが、じつは社会や組織の活力につながる、と考えると分かりやすい。

バカか利口かという価値観で人間を見ると、パレートの法則の下位の人たちを無視することになる。テレワーク時代にはまた別の発見が出てくるだろうが、ダメ社員だって、宴会になると力を発揮して、盛り上げ役になるかもしれない。残業で疲れているときに、肉まんをごっそり買ってきて、みんなを元気づけるかもしれない。落ち込んでいる優秀社員の肩をたたいて、励ましてやるかもしれない。そういうときに、「こいつがいるおかげで俺たち、結局助かってるよな」……と気づけるかどうか。

マネジメントをする側がもし白か黒かの論理、二分法でしか考えられないとしたら、多様性など夢のまた夢。残念ながら、**おバカさんがいることのメリット**も生かせないことになる。そんなことでは、マネージャー失格だろう。

部下のダメな部分にしか目がいかないとしたら、その上司はマネジメント能力が低いといわざるを得ない。人の短所に目をつぶり、その長所だけに目がいけば、だれだって貴重な戦力になる。

「使えるところを使う」というマネジメント

人手不足の時代である。人口減の日本では、かつかつの人員でビジネスを戦っていかなくてはならない。マネジメントをする人間は、目の前にいる限られた人材に真剣に向き合わなくてはならない。才能の取りこぼしは許されないのである。

としたら、なるべく視野を広く、視点も変えて、あいつはバカだ、ダメだという前に、どこかいいところがないか、という目で見る必要がある。否定的な見方では才能発掘はできない。

さらにいえば、手をかけて成長させる、などというのは、上司による大きなお世話ではないか、という気がする。過大な期待をするから、お互いにうまくいかなくなる。**使えるところを使う、つまり長所を使うという視点**こそ、日本のマネジメントで欠けがちな点である。

コロナの不況で人切りが始まっているが、いずれこれもワクチンや特効薬の発明で、旧の姿に戻っていくだろうと思われる。つまり人口が減り続ける限り、人手不足のトレンドに戻るということである。

人材不足の流れが変わらないとすれば、プラスの方向で人を見るマネジメントの必要性も変わらないだろう。プラスで人を見ることができるということは、多様な人材を扱えるということと同じで、それこそ貴重な戦力である。

むかしの人は、人を見る目があったのか、思いがけない人材登用をしている。たとえば、日比谷公園や明治神宮の設計・改良を行った本多静六《ほんだせいろく》のエピソードがそういった例である。

日比谷公園の設計は辰野金吾《たつのきんご》が東京市から依頼されていた。辰野は「日本近代建築の父」といわれる人物である。たまたまその辰野が頭を悩ませていたところ、本多が市庁舎を訪れ、自分のドイツ留学の経験から図面に意見をいったところ、「君はそんなに公園のことを知っているのか」といい、丸投げしたという。その時点では、本多は実際の設計をしたことがなかったという。

のちに本多は新任の内務大臣後藤新平《ごとうしんぺい》から大震災からの帝都復興計画を作るよう頼まれた。そのとき後藤がいったことばがふるっている。

「実はこの場合、だれがやっても同じことさ。完全なものはできやせんよ。いい加減でいいんだ、いい加減で——ただし、思い切ってでかいことをやらねばならない」

結局、この復興計画は反対にあって大きく削減されるのだが、本多の作ったいくつかの公園が、のちに人々が空襲から逃げ延びる大事な避難所となった（以上、朝日新聞2020年4月26日、曽我豪「日曜に想う」を参照した）。

気宇壮大の話だが、基本には人間を見る幅広い視点がある。それがいま大いに欠けているように思うのだ。

バカになれる人ほど人望がある

かつて『バカになれる人ほど人望がある』（伊吹卓、大和出版）という本がベストセラーになったことがある。いま見ると、なんだか新鮮なタイトルである。どういう意味かというと、もう自分から「バカになろうとする人」は少ないだろう、と思うからである。

いまは賢ぶることが主流になっていて、自分からバカに見せようとする人は極端に少ない。

私は、**自分からバカになろうとする人には3種類ある**と思っている。まずは**バカを装って、人を安心させ、その間に爪を研ぐタイプ**である。

歴史上の人物では豊臣秀吉《とよとみひでよし》が思い浮かぶ。才気煥発のはずが、それは隠して、まずは信長の信用を得ようとした。

田中角栄《たなかかくえい》もそのタイプである。彼は中卒（当時は高等小学校卒）で首相になったというので、〝今太閤〟などと呼ばれた。ところが本当は中央工学校という専門学校の卒業だから、高卒以上に値するといっていい。経歴詐称で盛ることばかり考えている世界で、これは異例である。要するに逆学歴詐称である。出てもいない大学の首席だと主張する政治家もいるのに、さすが人心掌握に長けた角栄らしいエピソードである。

中卒だからまずは同情が集まる。応援してやろうという気にさせる。そして、その男が目から鼻に抜ける才人で、ブルドーザーのように仕事をこなしていく。議員立法の数が一番多いのを見ても、大変な勉強家であり、秀才である。中卒とのギャップがあるから、インパクトが違う。しかも、やっかみが起きない。中卒ということで、人はすでに優越感をもっているからである。

これがバカになれる人のタイプのひとつで、もうひとつは先に挙げた山中伸弥のように、**のめり込んで自然とバカになっていく人たち**である。こういう人がたくさん出てくることを望み、かつそれを受け入れる土壌がなければならない、と切に思う。

ラストは角栄、秀吉の変化形で、**ときには意図的にバカになって、幅のある人間と見てもらうためのパフォーマンスをするタイプ**である。ふだんはまじめくさっているのに、意外とおもしろいやつだなとか、ふだんは賢ぶっているけど、けっこうバカやるな、と思われたら成功である。

おそらくここの部分が、以前と比べてだいぶ細ってきたというか、痩せてきた感じがある。バカへの評価が狭く、かつきつくなってきたことと関連していると思われるが、**バカを演じると、意外と生き方が楽になる**という効果がある。何をしても人も大目に見てくれるようになる。

あいつバカもできるんだ、というのは、プラスの評価である。営業であれば、接待で率先してバカをやり盛り上げる。なかなかこういうポジションを狙う人間もいなくなってきたので、貴重な存在となることは間違いない。

なぜバカは人に愛されるのか

あるアスリートと知り合って、しばらくになる。正直、IQ的な意味でいえば、おそらくテレビのクイズ番組などに出れば、全問不正解とでもなりそうなタイプである。

しかし、この人がとにかく面倒見がよくて、それに自分がもっている人脈を惜しげもなく紹介してくれるのである。だから、彼にはたくさんの友人や取り巻きがいる。

この人を見ていて思うのは、「使えば使うほど増えるものはなにか？」という謎かけである。ふつうは「石鹸の泡」などと答えるのだろうが、彼の場合は「人脈」である。だれかをだれかに紹介することで、派生的に関係が増えていく。

自分の人脈を財産と思えば、ふつうはクローズドにして、むやみに人に開放しないものである。人脈が広い人には、そういう閉鎖系タイプが多いかもしれない。そのほうが実利的なものが発生しやすいからである。

ところが彼には人を紹介して、自分に見返りを求めるところが一切ない。アスリートとして名をなしたということが、背景としてあるのかもしれない。自分に自信があるから、ほかの人の力を借りてなにかをしようという気にならない。もちろんそういう彼がなにかをしようとすれば、みんななにかしら手を貸そうとする。ふだんの彼を見ているから、機会があれば恩返しをしたい、と思っている人が多い。

人をバカと利口で割り切っている人を見ると、なんと料簡の狭いことか、と思い、彼のことを思い出す。そういう一面的な見方がいかにつまらないか、分かろうというものである。

「面白くない」とは理解できないこと

芸人の千原《ちはら》ジュニアが新聞のインタビューに答えた記事があった（朝日新聞2020年5月21日、「一語一会」より）。彼は上方漫才大賞新人賞などを引っ提げて東京へ進出した。しかし、なかなか芽が出ず、2001年には生死に関わるオートバイ事故を起こしている。

自分の理想とするお笑いに固執していたという。

「凝り固まって、ハードルを上げて、攻撃的に活動していた。芸人はこうあるべきだというものがあった」

そのこわばったこころをほぐしたのが、タレント関根《せきね》勤《つとむ》のちょっとしたことばだったという。バラエティ番組の収録で、スタッフの段取りの悪さから、場の雰囲気が悪くなったときに、関根が、

「そのパンツ、股が蒸れなさそうでいいね」

といったという。ADがだぼだぼのサルエルパンツを穿《は》いていたのだ。ジュニアには、彼のことばが世代を越えて一気に届く気遣いのあるものとして印象に残った。

それからは、「自分が評価しきれない人やもの」に出あうと、決まってそのことばを思い出すという。「俺らは理解できないものを『おもしろくない』と言いがちやけど、『分からなかっただけ』。ネガティブに受け止めそうになるものを、どう表現できるか」が課題だ、と。

本書で追っている主題の答えを聞いているような気になってくることばである。

人を信頼するとなぜ楽になるのか

社会心理学の山岸俊夫《やまぎしとしお》によると、日米を比較した実験では、日本人は他人を信用する度合いがアメリカ人より少ない、という結果が出ている。他人への信頼感がないと、大胆な行動にも出にくい。だれかが見守ってくれている、どこかで助けてくれる、親身に話を聞いてくれる……という信頼感があるとないとでは、行動にも違いが出てくるわけである。

母親と子どもの関係を考えれば、分かりやすい。公園に遊びに行っても、母親が見ていてくれるという安心感がないと、知らない子たちのなかに入っていきにくい。「おかあさんは見守ってくれているかな?」と心配顔で見ると、にっこり自分を見つめてくれている、と思うから、勇気ある一歩を踏み出すことができるのである。

会社の組織にしても同じで、信頼感のあるチームは失敗を恐れないで挑戦し、新たな収穫を上げることができる。マネージャーにそういう幅のある、場合によっては責任をとってくれる人間がいれば、部下は働きやすい。

失敗は許されない、という風土の組織では、成果もたかがしれている。第一、組織内の雰囲気から違ってくるだろう。

2章

バカと劣等感——

「バカ」呼ばわりは損をするだけ

1 人をバカにする人、しない人

本当に優秀な人は人をバカにしない

まず基本的なことから述べていこうと思う。それは、優秀な人、自分に自信がある人、満ち足りた人は、人をバカにすることがない、ということである。まったくその必要がない、といっていい。

これは周りにたくさんの秀才を見てきた私の実感でもある。灘高、東大と進むなかで、こいつはできる、という人間は、ことばは悪いが人のことになど関心がない。だれかを自分の下に見て快感を感じる、などという心理から遠いのである。

それと、一芸をもった人にも、同じようなタイプが多い。

たとえば、私はエンジン・ゼロワンという文化人団体のボランティア活動で、地方に出かけては、パネラーになったり、対談や子ども相手の授業などを行ったりしている。そのメンバーに音楽家の三枝成彰《さえぐさしげあき》や作家の林真理子《はやしまりこ》などがいる。

みなさん芸術家、文化人なので、ひと癖もふた癖もある人ばかりである。もちろんエキセントリックな面も持ち合わせている。日常的にお付き合いしていたらどうか、という面もあるだろうが、やはり才能のある人は違うな、と思うことが多い。

私などそういう場に行けば、取り立てて特技もないので、東大理Ⅲを出ただけの男です、という自虐ネタを使っているぐらいである。

三枝は私の映画に音楽を付けてくれている。しかも無料でだ。彼には気性の激しいところがあって、ぼろくそにいわれることがある。しかし、仕事は一流で、的確で、速いときている。

彼にすればオペラや現代音楽が本業だから、映画音楽は余技にすぎない。まえはNHK大河ドラマの作曲もやっていたが、ここ40年くらいはオペラに力を注いでいる。映画音楽など、芸大を出ていて器用なやつならだれでもできるぐらいに思っているのではないだろうか。

彼の映画音楽でなにがすごいといって、ここで泣かせたい、ここで感動的にいきたい、という場面には、それにぴったりの音楽が付けられるという点である。プロとはこういうものか、というのをまざまざと見せられた気がする。

仮にこれからいろいろと彼のことをいう人がいても、私はずっと彼とは仕事をしていきたい、と思っている。余人をもって代えがたいものがあるからである。

林は、さすが作家だなと思うのは、電車に乗ったりすると、若い人の会話にじっと耳を傾けている姿を見かけたからである。自分の参考になるもの、刺激になるものをつねに求めている人だ、という気がする。そうでないとまた、いい作品は書けないのだろうと思う。

悩み方が下手な人のものの考え方

人との付き合いに関して、日本人にはウェットなところが多分に残っている。若い人には薄れてきた感じもあるが、相手の能力や、使える部分で付き合うほうがいい、というと、反感をもたれることが多い。

私は長いこと**悩み方の下手な人**を診てきた。彼らは**変えようもないことを変えよう**

として、苛立ったり、感情的になったり、悲観したりして、そこに留まったまま、にっちもさっちも行かなくなっている。

森田療法（1919年頃に精神科医の森田正馬《もりたまさたけ》がはじめた精神療法。対人恐怖や広場恐怖などの恐怖症、強迫神経症、パニック障害、心気症などに高い治療効果がある）では、まずはできることからやろう、変えられないことは諦めて、まず変えられるところから始めよう、という考え方をする。たとえば、横暴な性格な人がいるとして、おそらくどうあがいても、その人間の性格を変えるのは難しい。なのに、いつまでも希望をもっては立ち向かい、打ち砕かれる、ということをくり返し、しまいにはこころが折れてしまい、私のもとにやってくるとしよう。

性格は変えなくていいから、まずできることを探してみよう、とアドバイスする。脇道があれば、そっちを通って向こう側に行けないか考える。比較的小さな壁が隣にあれば、そっちを越えていけないか、と意識を転換する。場合によっては、もと来た道を引き返すという方法もある。なんらかの形でうまくいく経験をすれば、気持ちも軽くなるし、希望も出てくる。

当座できることに注意を向けていくのが、森田療法の考え方である。相手を変えられないなら、自分を変える、というのもひとつの方法であり、場合によっては有力な方法である。この**自分を変えるというのは性格を変えるのでなく、ものの考え方を変えるという意味で**ある。

そこで人間関係もまるごと相手を受け入れるとか、100パーセント理解しないといけないとか、そういった**完全主義の価値観から離れて、まずは利用できる部分だけで付き合ってみてはどうか**、ということである。

そんな不人情なとか、それではチームの和が保てないだとか、いろいろ反対意見が出てきそうだが、冷静に考えてほしいのは、ではふだんわれわれは全面的に自分を開示して、人と付き合い、そして相手にもそれを求めているだろうか、ということである。極端な話、犯罪者となっても信じ切ることのできる同僚はいるか、ということである。どこか利害関係でつながっている、というのが実態ではないだろうか。

あの人といるとこころが安らぐ、というのも、ある意味、利害の利でつながっているといえないだろうか。あの人は寛大で、私の意見を取り入れてくれる、というのも、自分に利があるから付き合っているのである。

定年を迎えると、ほぼ会社内の人間関係は無に帰する。あれだけ胸襟を開き、深夜まで酒を酌み交わし、上司の悪口を言い合った仲なのに……である。冷たい言い方になるが、お互いに社員というペルソナを演じ、利用できる部分で付き合っていたのである。そこを無理して、人間同士の付き合いを、といっても、会社という組織上、限界がある。

会社を離れた人は、自分が居住するコミュニティに戻ると、また新たな人間関係を築く必要がある。

アメリカではプライベートと会社は歴然と分けている。会社が退けてから同じ社員同士でバーで打ちとけるということは、基本的にしない（ホームパーティは始終行われているが）。仕事もゼネラリストではなく、なにが専門的にできるかが問われる社会である。

ずっと日本では、社内運動会、社員旅行、社員スポーツチームなど、団体で動くことが奨励されてきた。その残滓《ざんし》がいまだに残っているわけだが、損か得かで人間を見る視点の転換は、場合によっては効力を発揮することがある、と知っておいて、それこそ損はない。

損得で割り切るラインの引き方

この話を持ち出したのは、損得で割り切れ、と人にはいいながら、自分でも判断に迷うことがあるからである。これも映画制作に関する話である。

人の紹介で、かなり有能なプロデューサーに引き合わされた。とても主張の強い人で、彼の流儀に従っていると結局私の作品ではなく、彼の作品になりかねない。ただ実績のある人だから、彼に譲歩すれば、広域な展開も可能かもしれないし、評判になる可能性も大きくなる。

この選択は痛しかゆしである。**相手の能力を借りたいが、それをすると自分の作品ではなくなってしまうというジレンマ**である。おそらく損得を考えるときに、こういったケースに見舞われることが、読者にもあるだろう。

映画の評判がよければ、プロデューサーではなく監督の手柄になる。

私は結局、自分の作品を通したい、と考えた。なぜずっと映画にこだわってきたかというと、私の自己表現のエッセンスだからである。それを考えると、自ずと選択は決まってきた。はたから見ると、なんてもったいない、せっかくの機会を逃して、ということになるのだろうが、そこは価値観の違いということになる。

だから、損得の取捨選択といっても、あくまで**本人の尺度によって損か得か決まる、**ということである。

バカ呼ばわりには合理性がない

私の映画のカメラマンを何度か務めてくれた高間賢治《たかまけんじ》という人がいる。日本アカデミー賞の優秀撮影賞も受賞している。

どういうわけか、そういう一流のカメラマンでありながら、私の演出に従ってくれている。名うてのカメラマンのなかには、監督を度外視して、ポジショニングを決めてしまったり、あろうことか役者の演技にまで口を出す人がいる。それでも作品の評価は高く、賞も取ったりするので、監督は満足げなこともある。

私の4作目の監督作品である『私は絶対に許さない』はレイプ被害者の目で世界を見る、という撮影法を押し付けたので、役者さんもそうだが、カメラマンもやりにくかったろうと思われる。

私は現場で嫌な思いをしたことが、ほとんどない。それは貴重なことだと思っている。映画という現場は、それぞれのプロが寄り集まって、ひとつの作品を作り上げ、プロジェクトが終わると解散する、というタスクフォース的なやり方をする。

いってみれば、相手の長所だけを見て、仕事ができるということである。これは極めて精神衛生上よろしい。かつて小津組、黒澤組といったように固定のチームで映画づくりをしていたが、お互いの気ごころまで分かった連中が、親分の号令一下、プロの技を披露する。さぞや気持ちよかっただろうと思う。私の場合は、スタッフのみんなに頭を下げまくっているが、やりたいことはやらせてもらっている。

相手の長所を見る、というのが、とても重要であることが、これで分かる。否定面を見ていては、力のあるチームなどできようがない。そういう意味で、バカだ、アホだ、という切り方は、合理性がないということになる。

否定は単なる自慰行為

大事なのは、否定からはなにも生まれない、ということである。相手をバカにした時点で、自分の成長が止まると思ったらいい。「人の振り見て、わが振り直せ」のことわざがあるが、それは相手を否定的に見るというより、反省の材料として見るということで、バカといって否定する人とはまるで心構えが違う。

私がよくいうのは、**自分がだれかを否定したり、バカにし始めたときは要注意**ということである。成長が止まって、踊り場にいるか、もしかして後退さえしている可能性がある。

〝ほめ殺し〟ということばがあるが、本来の意味は、ほめて安心させて、相手に努力させないようにすることだという。その間に、こっちが精進して、相手を出し抜く作戦のようだ。停滞ほど恐ろしいものはない。

人をバカにする裏側には、人を格下扱いすることで、自分が上位にいる気持ちになりたいという心理がある。じつはちっとも自分の位置は変わっていないのに、錯覚で偉くなった気がするのである。それはとても危ない兆候である。

たとえば、嫌韓、嫌中が目立ちはじめたのは、ジャパン・アズ・ナンバーワンの夢が破れたあとのことである。日本はいい国だ、素晴らしい文化をもっていると褒める番組も急増した。しかし、国外に目を転じれば、ジャパン・バッシングならぬジャパン・パッシングがふつうとなった。軍事評論家の小川和久《おがわかずひさ》が書いているが、元米国務長官だったジェイムズ・ベーカーの回想録には、日本人の名前がひとつも出てこない、という。それくらい、この国のプレゼンスは低い、ということである。

これは個人も同じである。人をバカにしていい気になっていても、それはひとり芝居にしかすぎない。だれからもリスペクトが得られない、自慰的な行為といわれても仕方がないだろう。

ただ、勘違いしてほしくないのは、**人をバカにすることと批判精神は別もの**であるということだ。批判は相手のいうことと別のものの見方をしたり、根拠があってやるもので、相手を否定することが目的ではない。かえって、生き生きとした批判精神は、人を成長させる要素をもっている。相手ときちんとコミュニケーションをとろうとしている点でも、大いに違っている。

バカといいたくなったら、要注意というのは、覚えておいて損のないことばである。

バカというと損をする

前章でも触れたように、バカには停滞をブレークスルーする要素がある。前例に従わないから、斬新なことをする可能性がある。そういう人物を「バカ」と切って捨てることは、あなたにとってマイナスにしかならない。

だから、**あなたがもしだれかをバカ呼ばわりしたくなったときには、相手のことをもう一度、よく見るようにおすすめする。**

だれかをバカといいたい場合、なにか自分に引っかかるものがあるから、そうしているはずである。そこをなぜなのか、と考えれば、自分のことを見直すことにつながる。

たとえば、部下のだれそれを「バカ」と呼んでいたのは、「鈍くさい」からだと気づく。じつは自分にもそういう傾向があって、ほかのだれかから、そういわれたことも思い出す。つまり、相手に自分の影を見て、それを否定したいだけなのである。

あるいは、いつも理不尽な要求をしてくる上司を「バカ」呼ばわりしているとする。

よく見ていると、ほかの人間には違った対応していることに気づく。自分はどうも相性が合わないことから、知らぬうちに敬遠のオーラが出ていたのかもしれない。そこで、言動を変えてみると、上司の態度にも明らかな変化が現れることがあり得る。

じつは「バカ」といって切り捨てることが、一番楽な対応なのである。心理的に少しは優越感をもてるかもしれないが、現実はまったく変わっていかないのである。子どもがダダをこねているのと同じことである。

バカと序列

人をバカと呼んでさげすむ人は、逆に自分がバカといわれると、烈火のごとく怒る。矛盾しているが、そのことにまったく気づかない。

彼らは序列好きといっていい。人を見下すことで、序列をつくり出している。もちろん自分がだれより上か下か、ということに、ものすごく関心がある。

フリーランスの医者を扱った『ドクターX』という人気テレビドラマがある。ヒエラルキーで成り立った名門大学病院に、アウトローな実力派が闖入《ちんにゅう》したことで、さまざまな軋轢《あつれき》が起きる。

米倉涼子が演じる主人公大門未知子《だいもんみちこ》は海外で軍隊を含めてオペ（手術）の経験を積んできた、超絶の技巧をもったフリーランスの外科医である。一匹オオカミなので、頼れるのは自分の実力だけである。象牙の塔で出世競争に明け暮れる医者たちとは、立ち位置がまったく違う。

私自身は医局の経験が半年ほどしかない。そのほかは、全部、大学の外で過ごしてきた。だから、序列を意識して生きた経験がない。腰掛けと思っていた病院で、代わりの人間がいなかったこともあって、それほど優秀な医者でもないのに重宝され、思いのほか勤めの日数が延びたことがある。それは変な階層がなかったことの副産物ともいえる。

そういう人間からすれば、このドラマの名門大学内の権力争いは、他人事のようにしか見えない。なにバカやってんだろう、という程度である。

しかし、序列のなかにいる人間は、それはそれで必死である。彼らからすれば、その圏外にいる人間は、バカな選択をした人間にしか見えない。ドラマでは、ことあるごとに、主人公のことを「このフリーターが！」とバカにする。彼女がなにか新しいことをやろうとすると、きまって「バカなことをいうな！」と止めにかかる。それでいて、彼女が上げた成果を盗み取ることにまったく罪悪感がない。

人をバカといって貶《おとし》める人は、この象牙の塔の人間たちと同じタイプだと思ったほうがいい。人間としての品性を疑われても、仕方がない。

くれぐれも人に〝バカだ〟なんていわないように気を付けたいものである。

弱いから群れるのか、群れるから弱いのか

先に人を〝バカ〟といって切る人は、劣等感が強い人だ、と書いた。それをもっと展開して考えていこうと思う。

のちの章でも触れることになるが、自己愛傾向が強いタイプは、賞賛の「いいね」を集めたがる。自分に自信がないから、ほかの人の支えが必要なのである。だから、周りには忖度するイエスマンばかりが集まることになる。

だれだったか、弱いから群れるのではない、群れるから弱いのである、といった人がいる。しかし、弱いから群れるというほうが実態に近いし、群れたことで力を得た

と勘違いする人間がいるのもたしかである。きっとその名言を吐いた人は、群れて、個をなくした状態を〝弱い〟と表現しているのだろうと思う。

最近のSNSのように群れをなし、細かい表現など要らないツールは、付和雷同型の人間には最適な手段である。みんなとやっている、という感じも味わえる。

私もツイッターをやるようにいわれることがあるが、あんな短い文章でなにごとかをいえるとは思えない。それに、承認欲求も私はさほど強くないし、忖度する気持ちはさらさらない。インスタグラムで自分の食べたものなどを人に知らせることも、もってのほかである。

それほど「いいね」といってほしい人が多いということなのだろう。

自己愛の脆弱な人は、相手に求めるばかりで与えることが少ない。だから、友人や先輩や上司として付き合うには、実りが少ないと思ったほうがいい。物理的な施しはあるかもしれないが、精神的な向上などは期待しないほうがいいだろう。

横並び主義と空気を読む文化

人をバカという場合、もちろんバカなことはだめなこと、という心理がある。だから、なにか新しいこと、慣例にないことをやろうとすると、「バカなことをするな」と強く反対する。つまり反対する人は、保守的で、失敗することが怖い人なのである。

私はアメリカで最も人気のある精神分析の学派である自己心理学を高齢者の精神療法に応用した博士論文を東北大学に提出した。ものの見事に落ちたのだが、それはなんと3年に一度、つまり360分の1という確率である。屈辱的な結果である。私が深く傷つき、そして同時に怒りに燃えたのも当然である。

なぜ落ちたのかは歴然としている。いわゆる統計を使わず、〝有意差〟のあるデータを用いていなかったからである。ガンが増えている、といっても、明らかにそれと分かるデータを示さないと信ぴょう性がない、というのが現在の医学の考え方である。たとえば10年前を起点にして、統計データを解析したうえで意味のある変化があれば有意差があることになる。

私もそれは分かっていたが、私のように精神分析を専門とする人間にとっては、ケースの積み上げが主体で、統計的に有意差の出るような研究ができようはずもない。のちにその高齢者の自己愛を支える論文は、前述の自己心理学の優秀論文を年に15本ほどだけ掲載する国際年鑑に、日本人として採用された2つ目の論文となった（じつはひとつ目も私の論文なのだが）。アメリカでは日本と違う尺度で論文を測ったことになる。あの国には、新しいもの、チャレンジングなものを歓迎する風土がある。それと同時に、失敗を許容する文化もある。両方がないと、なかなかベンチャーは育たない（ベンチャーを支援するエンジェルたちによる資金的な支えもある）。

日本だとこの新規のものを受け入れる土壌がないからイノベーションが起きにくい。**横並び主義が蔓延していて、小さいころから空気を読む文化が貫徹**している。

よく青少年が海外に出て、ほんの短い間の体験でも、むこうの自由な空気を吸い込んできて、とても積極的、能動的な人間に変わることがある。きっと日本にいるだけで肩に重しがかかっていて、われわれは自由に考えたり、行動できなくなっていて、しかもそれに気づけないでいる。

たとえば、日本の精神分析学会でフロイトのいっていることと少しでも違うことをいおうものなら、すぐにやり玉に上げられてしまう。フロイトの説がまるで宗教のような祭り上げられ方をしているのである。

ところが、アメリカに行くと精神分析はビジネスの種になっていて、カウンセリングの道具扱いである。私は、なぁーんだ、と拍子抜けしたのを覚えている。要するに、患者を心地よくさせて、リピーターがつきやすい治療（結果的にそのほうがよくなるのだが）に人気が集まる。自己心理学はそのような形で市場原理を勝ち抜いた流派だ。

私は博士論文の一件で、日本の大学や学会の事なかれ主義を思い知った。新しい知見を評価する風土のないところでは、通りにくかったのであろう。

当時の審査官である教授たちは、和田ってバカだなぁ、と笑っていたに違いない。結果的に私の主査だった東北大学の教授（東北6県の医学部の教授選に介入した人物）が精神療法を徹底的に排斥したので、東日本大震災の際にトラウマを診ることができる医者がほとんどいないことになって悲惨なことになったのだが。

よく勝つ者は、よく譲る者

序列好きとも関連したことだが、人をバカにする人は、勝ち負けにこだわる傾向が強い。もちろん、人にバカということで、自分が勝った、と思っているわけである。

基本的に、勝ち負けにこだわる心理は、子どもの領域に属する。単純な世界で、分かりやすいといえば分かりやすい。

しかし世の中は、**勝ち負けの論理で動いているのはほんの一部で、あとはギブ・アンド・テイクがほとんど**である。

よく帝国というと、圧倒的な力で屈服させているイメージがあるが、ローマ帝国など長く続いた帝国は、宗教も自由だし、それぞれの統治も相手任せで、非常にゆるやかな統治システムだったといわれる。そうでないと、巨大な版図を押さえることはできなかった。厳しく管理するには、警察組織も巨大になるし、徴税システムも複雑化するし、異民族ともぐら叩きのように戦闘をくり返しているうちに、国は疲弊していってしまうだろう。

だから、帝国のような大きな組織は、統合理念として、自由がいちばん有効なのである。**よく勝つ者は、よく譲る者**だという真理がここから導き出される。

勝敗にこだわる人は、豊かな人間関係を築けない。それは当然で、勝ち負けで成立する友情や愛情などあり得ないからである。よくビジネスを勝ち抜いてきた人のなかに、孤独な人を見かけるのは、どこにでも勝ち負けの心性をもちこむからである。人の交わりは、きわめて曖昧なエートス（慣習）のなかでくり広げられるものであって、どっちかが相手の軍門に下るといったものではない。

不思議なことだが、世界を変えるような企業を起こしながら、家庭ではまったく無力という人がいる。たとえば、奥さんはアルコール漬けで、その最後は自然死ではなかったという経営者がいる。彼は奔放に育った娘になにもいえず、手を焼いた。娘がブティックをやりたいといえば、そっくり準備をしてやる（あとで娘はそこもやる気をなくすのだが）。妻を失ったあと、夜のご商売の女性にこころを託そうとするが、それもやんわりと拒否される。

結局、プロテスタントから奥さんのカトリックに宗旨替えを行い、自分の資産を修道院や障がい者施設などに寄贈することで、こころの安らぎを得たようだ。

憶測でしかないが、この人はビジネスに命を捧げたおかげで、家庭人たることができなかった人だ。そもそも家庭でどうふるまえばいいのかも分からなかったのではないか。戦いの場に臨めば、激烈な力で反対勢力を押しのけていく。しかし、その辣腕やエネルギーは、家庭にはもちこめない。当初、そういうこともあって、奥さんはキッチンドリンカーになってしまったのかもしれない。

ふつうの人の幸せをもつことができなかったわけだが、あまり勝ち負けの世界に生きていると、通常の感情の交わし方ができなくなる可能性がある。

車寅次郎の価値

バカか利口かの価値観で生きている人は、人付き合いも苦手である。その価値観があるから人を遠ざけることになったのか、人がなじんでこないから、攻撃的に人に対処するようになったのか、どっちが鶏か卵か分からない。

映画『男はつらいよ』の主人公である車寅次郎（寅さん）は、付き合い上手なのか下手なのか分からないキャラクターである。旅に出ているあいだは、いたって人間関係は良好である。賢人のおもかげさえあり、土地の人や同業者には一目置かれる存在である。訳知りで、ときに「先生」などとまでいわれる。

ところが、故郷の柴又に帰ってくると、旅先のようにはいかなくなる。ことごとく歯車が狂って、家族とも印刷工場の人間ともいざこざが絶えない。

これは要するに、寅は旅で身に付けたもので柴又の人間関係に対処しようとすることから起きる問題である。とらやの面々は、じつに忙しそうに立ち働いている。寅は長男でありながら、そこにまったく関わろうとしない。旅人のつもりなのである。機械油で汚れ、借金返済の心配で身も世もない隣の印刷工場のタコ社長とことごとく言い争い、喧嘩に及ぶのも、当然といえば当然なのである。

寅がもっと世事に器用であれば、柴又に帰ったら帰ったで、おとなしくそのルールに従えば、別に要らぬ波風は立たない。ところが、たまに旅の空から帰ってきた寅を、みんながちやほやするから、寅にしても堅気に戻るきっかけがないのかもしれない。

結局、寅には通常の意味での、人間関係を築くのは難しいのである。旅先で一期一会で会ったときに、いちばん魅力を発揮する人間ということができそうである。

ただ、**彼が憎めないのは、「ばっかだなぁっ!」といいながら、まったく悪気もな**

ければ、腹に一物もないからである。愛する人のためなら、なんでもする、という純粋さもある。

ふだん人をバカ呼ばわりして快感を感じているような人間は、寅の爪の垢でも煎じて飲んでみたらどうだろう。

恥ずかしいと思うから進歩する

何かに断定を加えて、それ以上、それについて検討を加えない、という態度は、けっしてほめられたものではない。科学者であれば、失格であろう。

社会人ならば、頑迷な人として、敬遠されるタイプである。どうもこれは年齢が関係なくて、若いころからなぜか老人のように（というと老人に失礼だが）、言い出したら曲げない、という人がいる。別に信念がある、といった問題ではなくて、一度こうだと思い込んだものを修正したり、撤回したりすることができないたちなのである。

こういう人と話をしていても、ちっともおもしろくない。意見をぶつけ合って、違う展開になるということがなく、たいがいは平行線である。こちらが有効な反論をしても、そういうところはパスしてしまい、持論に必死にしがみつく。

結局、柔軟性が育っていないから、手に入ったおもちゃを取られるのが嫌で必死になって抱え込んでいる子どもと変わらない。こういうタイプは、ただ単純に現象面だけを見て、それも自分のごく少ない知識をもとに判断しているにすぎない。

あるテレビのクイズ番組で、珍回答が続出した問題があった。司会者がその答えの理由を聞くのだが、じつに基本となる知識がとぼしいことが分かる。たとえば、「きな粉とはなにか？」という問いには「木の粉」と答える。あるいは、「カラスの行水」には「カラスが行列をなして水浴びしている」と自分流解説をする。「とり肉とはなにか」という問いには鶏肉ではなく、「鳥の肉」しか思い浮かばない。「シーチキン」は「飛び魚」のことだという迷回答もあった（「海を飛ぶチキン」ってなんだろう？ということで＝飛び魚ということらしい）。

彼らはどういうわけか、それらについて見聞する機会がなかったのだろうと思う。だから、なけなしの乏しい知識でしか判断しようがないのである。

ＡＩの時代になれば、知識を覚えても今ほど意味がなくなるとは思うが、やはりある程度の基礎がないと、世の中を渡っていくことは難しい、と思う。

郵便はがき

料金受取人払郵便

新宿局承認

1820

差出有効期間
2021年9月
30日まで

1638791

999

（受取人）

日本郵便 新宿郵便局
郵便私書箱第330号

（株）実務教育出版

第一編集部
愛読者係行

フリガナ お名前		年齢	歳
		性別	男・女
ご住所	〒		
電話番号	携帯・自宅・勤務先 （ ）		
メールアドレス			
ご職業	1. 会社員 2. 経営者 3. 公務員 4. 教員・研究者 5. コンサルタント 6. 学生 7. 主婦 8. 自由業 9. 自営業 10. その他（ ）		
勤務先・学校名		所属（役職）または学年	
今後、この読書カードにご記載いただいたあなたのメールアドレス宛に 実務教育出版からご案内をお送りしてもよろしいでしょうか			はい・いいえ

毎月抽選で５名の方に「図書カード１０００円」プレゼント！

尚、当選発表は商品の発送をもって代えさせていただきますのでご了承ください。

この読者カードは、当社出版物の企画の参考にさせていただくものであり、その目的以外には使用いたしません。

■１編

【ご購入いただいた書籍名をお書きください】

書名

ご愛読ありがとうございます。

今後の出版の参考にさせていただきたいので、ぜひご意見・ご感想をお聞かせください。

なお、ご感想を広告等、書籍の PR に使わせていただく場合がございます（個人情報は除きます）。


……………………………該当する項目を○で囲んでください……………………………

◎本書へのご感想をお聞かせください

・内容について	a. とても良い	b. 良い	c. 普通	d. 良くない
・わかりやすさについて	a. とても良い	b. 良い	c. 普通	d. 良くない
・装幀について	a. とても良い	b. 良い	c. 普通	d. 良くない
・定価について	a. 高い	b. ちょうどいい	c. 安い	
・本の重さについて	a. 重い	b. ちょうどいい	c. 軽い	
・本の大きさについて	a. 大きい	b. ちょうどいい	c. 小さい	

◎本書を購入された決め手は何ですか

a. 著者　b. タイトル　c. 値段　d. 内容　e. その他（　　　　　　　　　　）

◎本書へのご感想・改善点をお聞かせください

◎本書をお知りになったきっかけをお聞かせください

a. 新聞広告　b. インターネット　c. 店頭（書店名：　　　　　　　　　　）
d. 人からすすめられて　e. 著者の SNS　f. 書評　g. セミナー・研修
h. その他（　　　　　　　　　　）

◎本書以外で最近お読みになった本を教えてください

◎今後、どのような本をお読みになりたいですか（著者、テーマなど）

ご協力ありがとうございました。

知識が増えることが頭がいいということと直結するわけではない。しかし、なにかアイディアを考えるときの基礎になるものが知識である。

私はワインを飲むとき、自分のもてるうんちくを語ることがあるが、それは知識を自慢したいのではなく、ワインをよりおいしく味わうために知識が貢献すると思うから語るのである。

こういうクイズ番組に出て、自分が恥ずかしいと思ったら、工夫して恥をかかないようにする。そのことがじつは大事である（恥ずかしいと思わないと、進歩するのは難しい）。演出上のボケということならまた別の話だが。

頭の固い人も、「そういえばさっきの会話で、あいつこんなことをいっていたけど、それってどういう意味なんだろう」と振り返り、自分で考えることが、頭の柔らかさを獲得するきっかけになる。

自分がここはマイナスだと思うことがあれば、放っておかないで、なにか工夫をしてみる。それだけでも自分が向上した感じがあって、まえとは安心感が違ってくるはずだ。

2

小さなことに幸せを感じる能力

ヘイトスピーチの言葉はなぜ貧弱なのか

私は関西の生まれなので、バカよりもアホのほうが、ふとしたときに口をついて出る。慣れないことばはきつく聞こえるように、バカはかなり尖《とん》がったニュアンスに聞こえる。反対に、関西のアホには愛情がまぶされている感じがする。

私の知人で、敬意をもって付き合っている松本修《まつもとおさむ》は、関西の長寿番組『探偵!ナイトスクープ』を立ち上げたプロデューサーで、そこで取り上げた「アホとバカの分岐はどこにあるか」をさらに掘り下げて、名著『全国アホ・バカ分布考』(新潮文庫)にまとめた。その徹底した調査ぶりには、舌を巻く。

アホを東に追っていくと、同じ言葉をタワケという地域が現れて、それからバカが多くなるが、バカは九州でも使われていて、そう単純な分布をしているわけではない。要するにアホ、タワケ、バカというのは京都を中心にした同心円を描くというのだ。

松本によれば、アホ、バカのいずれにも、侮蔑のニュアンスより支援や応援、相手の成長を願う気持ちが込められている、ということになる。だから、最近の鋭く相手を突き放す使用法は、本来の使い方から逸脱しているということになる。

沖縄に「フリムン」という言葉があって、一般的には「気がふれた者」という意味の「ふれもの」から来た、といわれている。ところが、松本の探索によれば、もともとの意味は「ぼんやり者（ほれもの）」から来ているらしい。それを探り当てる手際が見事で、さすがと感心したものである。

つまり、**全国どこでも狂気の意味でのバカということばはなく、どこか抜けている、ぼんやりとしている、だからしっかりしろという意味合いのことばがバカ**だという。

まえにも登場した映画の寅さん、そのおいちゃん、おばちゃんが寅がへまをやらかすたびにいう台詞が、「ばっかだなぁ」である。いかにも悔しいという感じが出ている。いつも愛情を注いでいるのに、また裏切られた。だけど、やはりどうにか真人間になってほしい、といった複雑な感情が、この〝バカ〟には込められている。

軽く「バカだなぁ」といえば、「次は頑張れよ」のニュアンスが相手に伝わる。「バカねぇ」といえば、女性の婀娜《あだ》な感じも表現される。それこそ短く「バカっ」といえば、「なんでそんなことも分かってくれないのよ」といった気持ちが表される。

このように考察していくと、**SNSやヘイトスピーチでくり出される「バカ」は、表現としても貧困であり、未熟な使い方**であることが分かる。

アホに寛大な関西文化

関西には自分からアホを名乗る文化がある。芸人さんでも、アホの系譜がえんえんと続いている。アホの坂田師匠が代表だが、あれだけアホに徹底する人は、関西では尊敬される。もう故人となった藤山寛美《ふじやまかんび》も、ひとつネジが抜けたような役が当たり役だった。関西の人間は、それを大いに大事にしたものである。漫才のやすきよ（横山やすし・西川きよし）のやすしも、その行為においてアホの系列に入るだろう。

タクシーの運転手を殴ったり、自家用飛行機を飛ばしたり、競艇の選手になったり、ニュース番組に酒酔いで出演したり、謹慎と復帰をくり返しながら、関西では根強い人気があった。最後は吉本興業から契約を解除されたが、東京ならかなり早い段階で首を切られていたのではないだろうか。

ジミー大西とか山田花子なども、関西で好かれるキャラである。いわゆるだめな人間に対する許容度が高い、という感じがする。

人に好かれる顔には、アホ顔というのがあって、これは利口そうなタイプより、関西ではよほどモテる。イケメンの漫才師がアイドル的な扱いをされるようになってだいぶ様子が変わってきたが、アホ顔に対する愛着はいまだに残っているだろう。

それに、一般の人でも隙あらば笑いをとろうとするところがある。わらかしてなんぼ、という文化である。利口ぶると横を向かれてしまう。そこから比べれば、東京あるいは関東はまじめくさって見える。

やしきたかじんは何度か東京に進出しようとして果たせず、大阪ローカルで何本もレギュラーをもって人気が出たミュージシャンだった。いわば、彼は敗者であるのだが、かえって大阪の土地に戻ったということで、好意的な目で見られた。

この**アホに寛大だったり、敗者に温かかったりする文化がどうしてできたのか、それこそ研究に値するテーマ**ではないかという気がする。商人の文化が根っこにあることが、もしかして影響しているのかどうか、これは私のあてずっぽうである。**頭の良さを避けてナンボ、実利優先で見栄より人のこころをつかんでナンボというスタンス**が叩き込まれている気がするのだ。

当たらずとも遠からずと思うのは、いわゆる国からかなり上のクラスの勲章をもらった人がいっていたことだが、関西では別にそれをもらったからといってなんの影響もなかったが、東京に来ると、効果がてきめんだという。以前とは比べものにならないほどの持ち上げようだという。

東京は明治以降の官僚のまち、それ以前は武士のまちである。きっとそんなことがアホ、バカの許容度に影響しているかもしれない。

押し付けはもう流行らない

いい医者、悪い医者をどこで分けるかというと、私は一人ひとり患者の具合を聞いて、適切な対応ができる医者がいい医者と考える。

かつては医者と学校長と警察署長は町の名士で、ふんぞり反っているのがふつうと見られていた。医者の世界ではパターナリズムということばがあって、「父親主義」つまり「権威主義」のことである。医者がいうことには間違いがないから、おとなしく聞いていればいい、という考え方である。

たとえば、熱を出して咳をしている子を医者に連れて行き、親が「風邪だと思うんですけど」というと、「風邪かどうかは私が決めます」と医者が言い返すということがあった。診療に関わることはすべて医者の仕事だから、口出しするな、というわけだ。

しかし、子どものことをまじかに見て知っているのは、おかあさん、おとうさんである。「子どもさんの様子はどうでした?」と聞くのが、本来の医者の役目だろう。最近は、医療もサービスの一環といわれようになり、そういう権威主義は以前ほど強くはないが、やはり自分の診断は絶対だという感じはまだ残っている。

私が処方した薬を渡す場合、効き目がなかったり、途中で具合が悪くなるようであれば使用を中止し、連絡をくれるようにいう。患者自身が申し出てきた場合も、それに合わせて処方を変えるようにしている。

そこを、自分の診断は間違いないと無理強いするのは、患者に余計な負担をかけることになる。具合がよくないのに薬を変えてくれない医師を私は信用しない。

漢方では〝症〟という考えが基本になっている。人間の体質は一人ひとり違うという考え方で、たとえば日本では風邪といえば葛根湯《かっこんとう》一辺倒だが、本来は麻黄湯《まおうとう》などその患者の症状に合わせて調合する薬剤が違う。要するに病名に対して薬を出すのでなく、一人ひとりの体質に合わせて薬を出すのだ。

人間を全体として診る医者を総合診療医という。人間は全体でひとつの有機体をなしていて、肝臓が悪ければほかの調子も悪くなり、肝臓がよくなればほかの臓器もよくなる。

老化に関しても、ひとつの臓器だけが老化するということはない。人間全体を診ることがどうしても必要になってくる。かつてはまちの医者や地域医療が担っていた部分である。大学型の専門分化医療より地域医療の盛んな長野県はその部分が健全で、都道府県別にみると一人当たりの老人医療費は最低なのに、平均寿命はトップクラスになっている。

薬の処方ひとつでも、相手に押しつけるのではなく、臨機応変に対応するのは、面倒くさいといえば面倒くさい。一律にこちらで決めて、押しつけるほうが楽で、効率がいい。しかし、それでは患者のＱＯＬ（**Quality of Life**……生活の質）は向上しない。最近になってやっと医者本位ではなく患者本位ということで、生活の質がいわれるようになった。

私は、**かつての医者が自分のことを賢いと思い、患者をバカ扱いしていたように、人のことをバカと断じる人には、このパターナリズムのような、頭の固い、押しつけを感じる**のである。むかしと比べて医師が増え過剰になりつつあるが、もしそんな人間が医者になったら、流行らないのは目に見えている。

小さなことに幸せを感じるチカラ

勝ち負けや序列を強く意識する人、つまり人をバカと非難する人は、一緒にいて楽しいとか、こころがなごむ、という世界とは無縁であろう。もっと殺伐とした世界で生きている人たちだろう。

しかし、彼らだけが特殊なわけではなくて、なにか全体に社会が味気ないものに変わりつつある。よく昭和がよきものとして回顧されることが多くなったが、その時代には人々にこころの通い合いがあった、ということが前提とされている。『ALWAYS《オールウェイズ》 三丁目の夕日』という映画もあった。失われたものを懐かしむという目線である。

競争社会、能力社会になると、よけいにそれとは違う価値観の場所や時間が欲しくなるはずなのだが、もうそういったレベルを超えているのかもしれない。だから、**人をけなして、くさして、たとえ幻想でも自分が上位にいると確認したい**のかもしれない。そういう人が増えるのも、分かる気がする。**ネット環境がさらに認知バイアス（認知の偏り）を激しいものとしている。**

マスコミに出てきて、未来を語る人はみんな成功者で、彼らは、もう立ち止まって、のんびりいこう、などとはいわない。ときに競争からスピンアウトした人の主張がマスメディアにのることがあるが、全体がそっちに動くというわけではない。

しかし、競争のレールに乗ったとしても、いつまでも緊張していられるわけではない。**競争や能力とは違う価値観のものがあると知ること**は、かなり大事なことのような気がする。

私はそれを、なんでもないこと、むだなこと、小さなことに幸せを感じる能力と呼んでいる。それが極端に劣化しているのが、いまの時代なのだ。

とくに**若い人たちの感じているプレッシャーは並大抵ではない**。生まれてからずっと経済がよかったことがない。それでいて求められるものは、どんどん高度化している。いい就職をしようと思えば、早い段階から理論武装し、パソコンの技術を習得し、語学武装もしていないと、勝ち残れない、と思っている。

私たちの時代には、PDCA（Plan 計画・Do 実行・Check 評価・Action 改善を繰り返すことで業務改善を促す理論）も知らなければ、報連相（報告・連絡・相談）も知らなかった。これらはいまの学生には見慣れたことばになっているだろう。

そういう人たちに、いま改めて**なんでもないこと、むだなこと、小さなことに喜びを見出す能力を磨いてほしい**、と思う。

「なにもしないこと」と「かけがえのないこと」

人からのなんでもない頼みごとに応えることを仕事にしている人がいる。**「レンタルなんもしない人」**という名前である。『レンタルなんもしない人のなんもしなかった話』（晶文社）という本が出て、好評で続編まで出ている。テレビ東京でドラマ化もされた。

一緒に散歩してほしいとか、買い物に行ってほしいとか、ぼんやり公園で座っていてほしいとか、本当にごくつまらないことを依頼され、それを実行する仕事である。いかにも現代風だな、と思う。本人は社会的な、既存の組織に合わないことを実感して、この道を開拓したという。まえから電球を直してほしいとか、家の周りの雑草を取ってほしい、といった実用的な小さな要求に応える「なんでも屋」のようなものはあった。彼はそれをもっと推し進めて、まったくむだなことの依頼に応えるまでに進化した（？）わけである。

これにニーズがあるということは、時代が求めていた、ということなのだろう。おもしろい仕事が流行るものである。

「レンタルなんもしない人」は、競争とか優劣、勝敗の世界とは対極にある。しかし、考えてみれば、彼を必要とする人たちも、むだなことにお金を払うわけだから、同じメンタリティをもっているということになる。

最低限の物資で暮らすミニマリストという人たちもいる。キャンピングカーで暮らす人たちも出はじめている。

そこまでいかなくても、私がすすめるのは、**日常のなかでちょっとしたことに目を向けてみてはどうか**、ということである。それだけでだいぶ緊張したこころに、余裕が出てくるはずである。とくにふだん、人をバカにするような激しい感情に揺さぶられている人には、この方法はかなり役立つのではないかと思う。

女優の竹下景子《たけしたけいこ》は、コロナ禍で自宅に籠もっていたとき、庭の木に青々としたコケが付いているのを見て、「あ！　小さな森があるわ」と気づいたという。私の小さなことというのは、たとえていえばそういうことである。

今回のコロナ禍で、小さなこと、むだなことが、じつはかけがえのないものであることが分かった。当たり前にやっていたことができなくなった。顔を合わせて話をしたり、人と酒を酌み交わしたり、会議をしたり……そういった当たり前のことが、いかに脆いものであるか思い知った。

バカだ、アホだという価値観の人は、よけいに私のいっている意味が分かるのではないだろうか。

本当の強さは弱さに裏打ちされている

評論家の中島岳志《なかじまたけし》が新聞に書いていたことだが、今回の新型コロナの対応で、国民の心に響くメッセージを届けたのはドイツのメルケル首相、ニューヨーク州のクオモ知事など、自分の弱さも正直に出した人たちだという。

そして、**「弱さを隠さない人間こそ強さを持っている」**ともいっている。よく「風になびく草は強い」というが、そういうことを思い出させる意見である。

高齢者の医療に携わっていると、自然と目線が〝強者〟から離れていく。逆に強い者の弱さみたいなものも見えてくる。遊びのない構造物が弱い、と書いたが、そのこととも関連がある。よく緊張に肩を怒《いか》らせて生きていたのが、ふっと肩の力を抜いてみたら、すごく生き方が楽になった、という話を聞く。そういう人は、それまでと違った風景を見るようになったのだろうと思う。

弱さに力点を移すと、こころも弱くなってしまうのではないか、と思うかもしれない。それは大きな間違いで、こころが不思議なのは、弱さに裏打ちされるようになると、ちょっとした外敵など気にならなくなるということである。

一度、ふぅーっと息を吐いてみるのである。そのときに、「辛いなぁ」とか「まいったなぁ」と声に出していってみる。それだけでだいぶこころが軽くなる。

強い風があるときに、突っ立った状態だと吹き飛ばされるが、身を屈めて縮こまると、かなり風を逃がすことができる。それと原理は同じである。

具体的にやれることを考えてみることも重要である。**小さなことで取っかかりがつくと、大きな問題も解ける**ことがある。〝蟻の一穴〟というやつである。問題が大きそうに見えると、尻込みをしがちだが、具体的に手をかけたり、足をかけたりすると、意外と次の展望が見えたりするものである。

だから、やれることからやる、というのは、意外な効用があるのである。

こころには逃げ場が必要である。ふつうなら自然とそういうものを身に付けて問題に対処するのだが、弱さを肯定できない人は、うつになりやすい。

中島は先の記事で、「**弱さを見せる為政者は魅力的である**」といっている。強そうに見えた人間が、ときにふと弱い面を見せると、本当にこっちのことを信頼して、その顔を見せてくれているのだと思えるから、シンパシーが違う。

能力主義、実力主義、それに付随して自己責任論がずっといわれているので、自分の弱さを見せることにわれわれは躊躇しがちである。だから、トラブルがあると、ごまかしたり、居丈高《いたけだか》になったり、かえって批判したり、強さで押し切ろうとする。**自分の弱さを認めるというのは成熟した大人の態度**である。子どもの強がりなんて、横からツィと押すと、簡単にぐらっときてしまう。そのことを忘れたくないものだ。

「むだ」に価値を見出す社会の健全さ

むだなことに喜びを見出すということでいえば、魚に詳しい人だとか、鉄道に詳しい人だとか、いわゆる**趣味が徹底している人**などは、その典型ではないかと思う。同好の士に自慢するといったことを除けば、なにか実利的な役得があるとも思えない。

いい大人が鉄道模型を走らせてうっとり眺める。自分が作ったルアーの出来に夜ごと見入ってはブランデーのグラスを傾ける。子どものころから集めた切手の数々を収集の思い出とともに飽かず鑑賞する……。

いま時代は、こういった仕事以外に群を抜いた趣味をもっている人に好意的である。

子どものなかにも、野菜博士がいたり、お城に関してやたら詳しい子がいたりして、それをまたマスコミが取り上げるようになった。ある事柄にとても詳しい〝博士ちゃん〟を取り上げる番組もある。「さかな君」の後輩たちが、続々と育っている。

とてもいい傾向ではないかと思う。私は、**みんながもっているような知識をもって、何の意味があるのか**と思うからである。

人をバカ、アホ呼ばわりする人は、こういうむだなことに血道を上げる人を見て、どう思うのだろうか。それこそ、なんと無益なことをするのか、バカ、アホと切って捨ててしまうのだろうか。彼らには変な功利性があり、しかもユーモアに欠けるという大きな欠点がある（ユーモアを抱く余裕がないといっていい）。

むだなことに価値を見出そうとする社会は健全である。日本は意外なことにむだな発明に関して、ずっと世界的な賞で入賞を果たしてきた。**イグ・ノーベル賞**である。

ハトにピカソとモネの絵の見分け方を教える方法や、バナナの皮を踏んだときの滑りやすさの研究など、日本はなんと29回の開催のうち25回受賞している常連国なのだ。

この破天荒な感じがなぜ経済や科学など、いろいろな分野で発揮されないのか、とても残念でならない。

3 グレーゾーンとグラデーション

満点も正解もない世界

認知療法を行う際には、100％合っているものもなければ、100％間違っているものもない、と導いていく。最初から答えがあるのでなく、問題があれば、当座の知恵を使って対処しようという考え方をする。

なにごとにも手を加え、改良する余地がある、とする。なにごとにも議論の可能性が開かれている。ものごとを固定的にとらえないで、まだ形成過程ととらえる。

ものごとを決めてかかる人には、なんとも居心地の悪い考え方かもしれないが、こころの病をもつ人には、実践的な手掛かりとなるものである。つまり、できることから始めて、ダメなら違うことを試みよう、というスタンスなので、心理的な負担感が少ない。

どうしても人には、ある理想のイメージのようなものがある。そこをもとにして自分のことを考えるから、現実とのギャップに思い悩むことになる。その理想が遠くて、立派であればあるほど、たどり着く手がかりがないように見えて、絶望的になる。

落差が開くと、どこかで一発逆転をしなくては、という思いに襲われる。しかし、そんな虫のいい話はたいていどこにも転がっていないのである。

アメリカにはプラグマティズムの流れがある。深遠な思想を伽藍《がらん》のように組み上げても、いま悩んでいる人に役立たないと意味がない、と考える。先に小さなものに目を向ける、と書いたが、そういったことをきっかけにして自分を変えていくのである。

小さいことが意外に大きな力を発揮するということは、よくあることである。

母親に小さいころから虐待され、男性からはつねに見返りとして性交渉を求められた女性が、支援組織に身を預けたところ、だれも見返りを求めないことに驚き、そういう人間関係もあるのかと、新たな一歩を踏み出す契機になった、という話がある。

ひきこもりの子が意を決してコンビニで働きだし、お客からひとこと「ありがとう」といわれたことで、救われた気持ちになったという話もある。

うつになりやすい人は、まじめな人が多い。日本人は全体にその傾向が強いといわれるが、やはりこれもある理想のイメージがあって、それを達成できないことがストレスになっていくことで発症する。「〜らしくあろう」「〜らしくあるべきだ」という思いが強いタイプである。

先にShould思考に触れたが、ものごとを固定的に考えたり、あるいは二分法でとらえる人は、現実はなかなかそうは処理できないことが多いので、自分の設定とのギャップに苦しむことになる。

できることからやる、というのは、そういう意味で、現実対応を考えた場合、かなり重要な概念だという気がする。

認知的成熟度とファジー

いつごろだったか、ファジーということばが大流行したことがあった。数学から出てきたことばのようだが、日本ではShould思考や二分割思考から離れるために、ファジー＝曖昧さが持ち出されたような記憶がある。現実には制御理論や人口知能などに応用されているようだ。

アマゾンで見ると、書名にファジーと冠した関連書籍は、ほぼ1980年代末から90年代初頭に集中しているのが分かる。意外なことにビジネス書的なものは、ほぼ見かけない。

バブルの崩壊が目前、そして崩壊というときに現れたことばのようである。それにしても、印象に残ることばである。

先に当座の知恵を使って、その場に応じて事に当たるのは有効な手段だと述べたが、ファジーは結論を急がない、あるいは結論を得ない、という意味では、同じようなニュアンスをもっている。なにごとも白黒をつけないといられない人には、生ぬるくて、イライラする考え方かもしれない。

心理学には**認知的成熟度**ということばがある。これはファジーをもとに考えると、分かりやすい。**白黒や勝ち負けの二分法で考えている段階は未成熟で、その中間をグラデーションのようにとらえ、結論のない世界に遊ぶようになれば成熟している**、と考える。平たくいえば、大人の対応ができるということである。

こういうといかにも日本的な、責任をぼかす文化のようにとらえられるかもしれないが、結論が分からないで進行していることなど、現実の世界にはいくらでもある。いまタワーマンションがそこらじゅうで建てられているが、どこにそんなニーズがあるのかと思う。

業者によっては、自分で作っておきながら、入居する気にはなれない、という人もいる。いずれ人のいない幽霊ビルになるだろう、というのである。

ふつうに考えれば、少子化が歴然としていて、需要より供給が上回っているのだから、ちょっと待て、となるところだろうが、なにかのきっかけで始まると、行きつくところまで行かないと、ストップがかからない。

ビジネスの場では、たいがいは〝当座の結論〟を出しているだけで、それが唯一の答えだとみんなが確信して進めているわけではない。100パーセント正解が分かっているなら、みんなが集まって、ああだこうだいう必要はないわけである。

そのなかで一番説得性がありそうに見えるものが、当面の目標とされるわけで、事態が変わればまた、次の案が模索される。つまり、**つねに手にするのは、次善の策**だということになる。

かつては茫洋とした、なにを考えているのが分からないような人物を、いわゆる

〝大人《たいじん》〟として敬う風があった。いまなかなかそういう人物を、この人だといって挙げることが難しくなった。

〝昼行灯《ひるあんどん》〟も同じニュアンスをもっている。意味はたしかに昼間に灯っている行灯だから、ぼーっとしているということだが、それは企みのあるボケである。主君の仇《かたき》をとるために、茶屋遊びなどをして敵の警戒を解かせた大石内蔵介《おおいしくらのすけ》を指していったことばである。**企みを隠して、あえて〝バカ〟を演じた人物を、むかしの人は大いに共感をもって支持した**のである。

ぎすぎすして、人の批判や揚げ足取りばかりが目立つ時代に、このファジーという考えはもう一度、復権すべきことのように思う。

答えを保留する勇気

ファジーは結論を出さないというのではない。慌てて、生半可なアイディアに飛びつかない、ということでもある。

すぐに結論が欲しい人には、もの足りないかもしれないが、いい答えやアイディアにたどり着くには、ちょっとした曖昧な時間が必要なのだろう。温度を冷やす時間といってもいいかもしれない。時間の流れ方が変わったときに、ふっと斬新なアイディアが浮かんだりする。

いいアイディアの出る条件として、「三上《さんじょう》」ということがいわれる。馬上《ばじょう》、枕上《ちんじょう》、厠上《しじょう》である。馬に跨《また》ってポクポクと揺られているとき、枕に頭を休めているとき、そしてトイレで用を足しているときだという。

お風呂に入るといい考えが浮かぶという人もいる。数学者の岡潔《おかきよし》はたしか縁側を挙げていたと思う。縁側などファジーの典型的な場所で、室内のような、室外のような、家のなかでもおもしろい配置になっている。田舎では、ご近所さんがやってきて、縁側に座ってたくあんにお茶などで時間を過ごしたものである。

どうも自分は、**ものごとをはっきり結論づけたがると自覚している人は、なるべくファジーの場に身をさらすようなことをしたほうがいい**。同僚との雑談のやりとりでもいい。とりとめのない会話をこころから楽しめるかどうか。

あるいは、上司でファジーな雰囲気をもった人と接してみる。相手がしっかりと受け止めたうえで、答えを保留していることが分かれば、大きな成果である。

そのうちに断定して、切って捨てることのむださ加減が分かってくるかもしれない。

こころにグラデーションをもつ

人に対する判断もファジーでしたほうが、無難である。というのは、どこに長所があるか、にわかには分からないことがあるからである。短所と見えたところが、あとで長所だった、と気づくこともある。

先の言い方でいえば、100パーセントいい人もいなければ、100パーセント悪い人もいない。あの人はここは20点だが、そこは80点、というように、ひとりの人間のなかにもグラデーションがあるのがふつうである。

割り切り型の人間は、このグラデーションという考え方は苦手かもしれない。線引きをして白黒に分かれるのなら簡単だが、人間はそういうつくりにはなっていない。裏を返せば、割り切り型の人間は、人間観察が単純すぎて、人付き合いに難がある人が多いといえるだろう。

政権運営の要諦は、人事にある、という。

城山三郎《しろやまさぶろう》『官僚たちの夏』（新潮社）には、人事が生きがい、という男が出てくる。政治家では佐藤栄作《さとうえいさく》が長期政権を築けたのは、人事のおかげといわれる。だれをどこに嵌《は》めるかで、政権の安定度が違ってくる。しかも、大臣として有能でもなければならない。**白か黒かで人物を見ているようでは、まともなチームをつくることはできない。**

よくポジションが人物をつくるといわれる。もちろん、それはだれしもがそうなるということではなくて、地位に就くと躍進するタイプを見極めて、そこに嵌めた結果である。

岡ちゃんこと岡田武史《おかだたけし》、サッカー日本代表を率いた監督は、チーム編成に心血を注いだ人である。彼がおもしろいことを書いている。自分がある選手が得意だと考えていることと、本人の自己評価が違ったことが多々あったという。

その選手の自己評価を信じて意外な使い方をしたところ、きちんと成果を上げた、という。だから、選手にはふだんから、どこがいいとか悪いとか、きちんとこちらの考えをいっておくようにしたという。

ふだんから人を、それもそのくり出す技を見ていながら、評価に狂いがあったというのだから、それこそファジーとしかいいようがない。だけど、だからこそ人事は奥が深いということなのかもしれない。

「まるごとのあなたであれ」

これは美学者の伊藤亜紗《いとうあさ》が書いていた（朝日新聞2019年10月9日「思考のプリズム」より）ことだが、アメリカから日本に帰ってきたら、ダイバーシティのことばをそこらじゅうに見かけて、変な気分になったという。おおよそ日本では、個人がそれぞれ特色をもって違っていれば、それでダイバーシティだというとらえ方が一般のようだ。

アメリカでは人種から宗教までじつに多彩だから、いちいちダイバーシティをいう必要がない。だから、そのことばはアメリカで見かけたことがない、という。

日本の理解に従うと、Aさんは変わり者、Bさんは勤勉者、Cさんはさぼり者と色分けして終わりではないか、という。それを多様性と呼ぶのは違う、と彼女はいう。

それで引き合いに出すのが、**Be your whole self** のことばである。マサチューセッツ工科大学の廊下に張り出してあったチラシにあったことばだそうだ。

「まるごとのあなたであれ」という意味で、個人のなかにもいろいろな可能性がある。それを認めてこそ多様性ではないか、というのが彼女の主張である。私でいえば精神科医であり、老人医療者、著述業に映画監督、経営者といったすべてを含んだことをいう。彼女の話を、ちょっと引用してみよう。

目の前にいる人には、自分には見えていない側面が必ずある。隠されたものがあることに敬意を払いながら、もし相手が望むなら、それを隠さなくてもすむ土壌を作っていくこと。そして、どんな人に対しても自分との共通点と差異を見出していくこと。そんな姿勢が重要なのではないか。

なかなか気づかないことを教えてくれる文章である。彼女は障害をもった人たちが、どうやって自分の感覚を使って生きているか報告した本も書いていて、そういう視点をもった人だから、こういう深みのある考え方ができるのかもしれない。

ちなみに、バカを英語で idiot というが、古代ギリシャ語の idios から来たことばである。「個人の」「特異な」というのが原義である。つまり**バカこそ多様性の代表みた**

いなものかもしれない。

「いま」という時間は100パーセント

前に少し触れたが、認知症の人に対して、どうしてもできなくなる能力に目がいきがちだが、私は医者だからか、残っている機能をどうしていくか、を考える。その残っている能力をなるべく長く温存させるのが、私たちの仕事と信じている。

そのために、習慣化の作用を利用する。時間をかけて習い覚えたことは忘れにくいわけだから、いま残っている能力を使って、必要なことをやってもらうことになる。

これは人をどこかの時点で100パーセントの能力だったのが、いまはそれが20パーセントにまで落ちた、という考え方ではない。**いまという時間においては、いつも100パーセント**なのである。実際に年配者と接していると、そういう考え方が自然な気がする。

よく下り坂の人生、という言い方を目にすることが多くなった。老子の考えのなかに、そういう思想があるのだという。私はなにかそういう考えには違和感がある。それでは、人生のいちばん〝おいしい〟時間はごく限られている、という発想になりがちな気がする。

そうではなくて、若いときには路傍の小さな花一輪に喜びを感じることができないものだ。しかし、年齢を重ねるほどに、それを味わうことができる能力が増えている、ということもあるのではないか。

よくご老人が電車などで小さい子が乗ってくると、すぐに笑顔を向けて、話しかけたそうにする。実際、正面で離れていても、「かわいい坊やね、おいくつ？」などと尋ねている人がいる。これなども若いときにはできない芸当である。

認知症と同じで、たしかにできなくなることは増えるが、できることもこうやって増えているのだ。あのニコニコした笑顔に癒される人もいるはずだ。いままではそこに焦点が当たらなかったから、老人というのは蝉の抜け殻のような、人生の蜜の部分が欠けた存在と思われていたが、じつはまったく違うのである。

そこでやはり大事なのは、小さなこと、むだなことに喜びを見出す能力である。自分は衰えたと思って、逆に若さを取り戻そうとする高齢者がいる。というよりも、そういう人のほうが多いかもしれない。テレビ、新聞、なんでもかんでも「生涯現役」

が合い言葉のようになっている。

それが悪いといっているのでなくて、それでは従来の若さ中心の価値観に縛られているのではないか、といいたいのである。なにもむかしの老人らしく薄汚れて、みすぼらしい、腰の曲がった様子をしろといっているのでもない。

かえって**小さなことに喜びを見出せる人は、生き生きとして、若々しくあったりする。**

だから、どうも人のことをマイナスばかりで見てしまう人も、ちょっと方向転換を図ってみてはどうだろう。いったん**優劣の尺度や効率性の尺度から離れてみる**のである。まちを散歩するだけで、いろいろな発見ができることに気がつく。新しくできたこぎれいなカフェに寄って、漫然と外を通る人を眺めてみる。こころの余裕が違ってきて、人を蔑《さげす》んだり、ののしったりしたことが、いかにバカなことだったか、気づくのではないだろうか。

誇大な思いを崩すために

SNSを使ってののしりことばを送りつける人は、なにか自分が大きなことをしているという感覚がどこかにあるはずである。たいていは相手に名声や権威があるから、よけいにそう感じるのだろう。

私が提案しているのは、その**誇大な思いを小さなノミやトンカチのようなもので崩していきませんか**、ということである。大きな悩みや思いには、巨大ハンマーや家屋破壊用の鉄球を使うよりも、かえってこういう逆の小道具が効くのである。

『深夜食堂』というドラマがある。夜中の12時に開き、朝の7時くらいまでやっている新宿の「めしや」が舞台で、壁のメニューには豚汁定食しか書かれていない。だけど、客が注文して、応じることのできる食材があれば、小林薫演じるマスターがなんでも作ってしまうお店である。

常連のほかに毎回、新入りの客が顔を出す。その彼らが頼む料理が、その回のメインの品になる。赤いウインナーのこともあれば、ねこまんまのこともあれば、とんかつのこともある。名うての料理評論家は、バターライスが好物である。それぞれに過去にその料理にまつわるエピソードをもって店にやって来る。映画化もされた人気ドラマである。

赤いウインナーを頼むのは、新宿のやくざである。彼がそれを頼むと、店のおやじは「あいよ。俺も好きだよ。タコのかたちに切るかい」と返事をする。そうやって、店と客の交わりが始まっていく。

元人気アイドルは夜な夜なソース焼きそばに卵焼きをのせたものを注文する。彼女は転身を図ってシリアスドラマに挑戦するが、うまく演技ができない。いつも同じ個所から前に進めない。自分を捨てた父親を許すという役どころで、彼女は現実でも同じことをされた過去があるので、わだかまりを越えられないのである。

あるとき、マスターの財布を拾ったといって、ひとりの男が訪ねてくる。たまたま彼に、元アイドルの話をする。いつも決まってソース焼きそばに卵焼きをのせて食べる女なんだと。すると、その男が、四万十川の青のりをかけるとうまい、とその女に伝えてくれ、といって店を出て行ってしまう。

マスターは、四万十川の青のりがうまいそうだ、と言い添えて、いつもの料理を女に出す。女はじっと箸をつけず、顔を下にしたまま、激しく泣きはじめる。母親が死んだあと父親に捨てられたが、貧乏ななかで唯一おいしかったのは、その青のりがかった焼きそばだったという。

もちろん彼女は問題のシーンを見事クリアし、やがて演技派として評価を上げていく。

できすぎと思うかもしれないが、みんなどこかに影を抱えていて、それを好みの料理に投影させているということはあり得ることである。料理ともいえない料理だが、そこに甘辛い経験や思い出が張り付いているがために、人は大人になってもそれを忘れられないのである。

できれば、そういう経験をひとつでももっていれば、大きな悩みなどにぶつかったときに、なにかの支えになるはずであろう。私がすすめているのは、そういうことである。

勝ち負けは人生の選択に無益

2年前の正月のことだが、異常に血糖値が高くなったことがあった。660mg／dℓもあった。喉がしきりに渇くようになり、夜中に小用に立つことが多くなった。体重もひと月で5キロ減った。どう考えても、すい臓がんの症状である。友人の医者に聞いても、その疑いが濃い、という。

もしそうであったとしても、私は手術を受けないつもりであった。ガンというのは死の直前まで痛みのない病気である。ところが、延命のために抗がん剤を打ったり、開腹手術などをすると、急激に体力が衰えていく。そんなことをしなければ、死の間際まで自分がやりたいことをやれるということも経験的に知っていた。

私は映画を1本撮って死にたい、と考えた。本もできれば名前が残るレベルのものを1冊ぐらい書ければいいな、と考えた。それが私のいちばんやりたいことで、それさえできれば後悔なしに死ぬことができる、と思った。

幸いにも検査をあれこれする限り、ガンが見つからず、血糖値も200くらいまで下げたが、300くらいになることがあっても、美食とワインは止めていない。

ガンの手術は受けないほうがいい、と主張し続けている近藤誠《こんどうまこと》という医者がいるが、私も彼とは対談したことがある。すごい勉強家で、そこらの教授連とは比べものにならないくらい、最新の知見やデータをもった人である。

そっけないところがあるから、患者受けはしないかもしれないが、その人の話を聞いていたので、私は自分がガンを覚悟して、すぐに生活の質をいままでどおりに保ちたい、と考えた。そのため、手術や抗がん剤治療は選択肢に入ってこなかった。

本当によかったのは、自分が最後にこれはやりたいということが即座に見つかったことである。これがもし迷うようなら、手術や治療を受けて、生存の可能性に賭けるほうが利口かもしれない。生存後、以前のようなパワーは戻ってこないが、それでいい、という人がいても不思議ではない。

これはいってみれば、価値観の問題である。減退した状態で、やりたいこともできずに生きるのは、私の柄ではない感じがする。

この話を持ち出したのは、死を前にしたときばかりではなくて、生きているといろいろなところで大きな選択に迫られることがあるはずだといいたいからだ。そのときに、選択の判断の基準になるものがあるかどうか、というのはかなり大事なことである。


競争や、優劣や、勝ち負けの理論は、こういう人生の選択のときに役に立たない。

それはだれかとの比較の論理だからである。人生のターニングポイントで試されるのは、自分が何をやりたいかということである。ひとりぽっちで、じっと考えなくてはいけないときである。

生き残ったからいうわけではないが、いい経験をしたと思っている。自分にとってなにが大切かが分かったからである。それは、とことん分かったという経験で、ふだんの経験とは深みがまったく違ったという感じである。

「絶対的なものはある。しかしそれは複数である」

いまいちばん会って話をしたい人はだれかと聞かれれば、元外務官僚の佐藤優《さとうまさる》と答えたい。かつて〝外務省のラスプーチン〟といわれた情報通にして大のウォッカ飲み。大酒飲みでないとロシアの要人と腹を割って付き合うことはできない、と彼はいっている。

贈収賄で捕まったある政治家に連座して、1年半近く牢屋に入っていたあいだに大量の本を読み、出所後は月刊佐藤とまでいわれるペースで新刊を出し続けている。

「東洋経済オンライン」2019年6月15日の記事によると、「月に500冊の本を読み、1200ページもの膨大な原稿を執筆、月あたり平均2冊の書籍を刊行、抱える連載の〆切は90」にもなるという。

私は独自な頭で考える人が好きである。もちろん佐藤は何かを批判するにもデータと理論を忘れない。佐藤の印象的なことばに、**「絶対的なものはある、ただし、それは複数である」**というものがある（『国家と神とマルクス』太陽企画出版）。それを世界のインテリジェンス（諜報機関）のマスターたちから学んだといっている。意外なことに、彼らは概して多元主義で、寛容なのだという。もちろんごりごりの愛国主義者でもある。

つねに複眼や多眼で考えながら、しかも信念、彼の場合キリスト教がバックボーンになっているが、それを保持しているところが、やはりすごい。すぐに**人は信念を抱くと、容易にそれに凝り固まって「寛容」など忘れてしまう**からである。

今回の本に引きつければ、グレーゾーンにいながら、一段高い所に信念を保持している人ということになる。キリスト教もエルサレムにあったときは他宗教に無関心だったのが、ヨーロッパに渡ったあと、固い宗教となって他者に自らの価値観を押しつけるようになった、と批判的である。だから、彼はキリスト教徒だが、異なる宗教も認めるのである。

私が惹かれるのも、こういう白でも黒でもないグレーな柔らかな部分かもしれないのである。その知の豊饒さが魅力的であることはもちろんなのだが。

「愚かな答えはあっても、愚かな質問はない」

だれがいったことばか、ネットを調べてもヒットしてこないのだが、記憶に残ることばに、「愚かな答えはあっても、愚かな質問はない」というのがある。けっこう知られたことばではないかと思う。

いつも賢くあらねばならないと思っている人は、愚かな質問などして、恥ずかしい目にあいたくないと思っている。権威などを目の前にすると、よけいに竦《すく》んでしまって、口を開くこともできない。

しかし、会話でも議論でも、いい質問があると、いい回転をすることが多い。議論ばかり、主張ばかりというのは、流れを悪くしてしまう。

「いまの説は、こういう意味でもあるんでしょうか？」

「それはどういうときに思いついたアイディアなんでしょうか？」

「そのお考え、だれにいちばん影響を受けたんでしょうか？」

主張と質問で全体が流れていくわけで、自分が、自分がと考えてばかりいると、演説大会でおわってしまう。それでは議論や会話は深まらない。

話し上手というと、流暢に話をすることだけを考えがちだが、じつは的確な質問をどう放つかがすごく大事なのである。それは、「英会話＝話すこと」と考えるのに似ている。英会話は、まず相手のいっていることが聞こえないと、成り立たない。自分のいいたいことだけいうのは、また演説会に逆戻りである（聞き取りの苦手な日本人には、知っておいてほしいテクニックである）。

バカだ、アホだ、というのが口癖になっている人は、一度、いい聞き役に回ることを意識してみたらどうだろう。きっといい人間関係を築くきっかけになるはずである。そうなれば、きつく、汚いことばも使わなくなる。

そのとき、**「愚かな質問はない」は大事な呪文のことば**になる。

アメリカでは、質問は自分のためでもあり、人のためでもある、と考える。あなたがひとつ質問するだけで、だれかが得をしているのである。

それがすごく初歩的な、あるいは基礎的な質問だったとしたら、どうだろう。それこそ大いなる人助けになる。なかなか質問の機会がなかった人の代わりにあなたが代表質問したと考えるのである。けっこう密かにありがたがっている人がいるかもしれない。

顔見知りのいない場所へ

同じ傾向の人が集まると、共通の部分があるから会話も弾み、ツーといえばカーで、話していても気持ちがいい。趣味の会などはその最たるものではないか、と思う。

あるいは、青春時代を一緒に過ごした仲だと、何年経っても、そのころの気持ちが思い出されて、顔を見た瞬間から打ち解けた感じになる。

そういう関係をいくつかもつのは、人生の大事な要素と思うが、ここでも天の邪鬼をいおうと思う。**あえて自分が苦手なところに行って、苦手な話題に自分をさらしてみたらどうか**、という提案である。

というのは、**自分を多様化、複層化するのに、異分野の人と会うことがいちばんいい**からである。単色の人間より、多色なほうが魅力的である。どうも自分には多彩なところが欠けていて、狭い範囲でものごとを決めてかかる癖がある、という人は、**武者修行のつもりで、顔見知りのいない場に出かける**のである。

ひところ異業種交流会というのがすごく流行ったことがあった。猫も杓子も、という感じで開かれていた。あれはどういう背景があって熱病のように広がったものだったのか。いまでも行われているようだが、往時の熱はもうないかもしれない。

盛んにそういう会に行っていたものの、すぐに参加を止めてしまった人の話を聞くと、やはりそうなるか、という感慨を覚えた。

というのは、結局、ビジネスの場になってしまって、自由に発想を広げるといった場にはならないのだという。実利というか実効性を欲しがるというか、サロン的な雰囲気になりにくいらしい。

しかも、生命保険、金融マン、不動産関係者などが顔を売りに来るようになって、ますます〝交流〟から遠くなった、とその人はいっていた。本当はむだなことから新たな発想が生まれることがよくあり、同じ課題でも別の業界の目で見ると、違って見えることはいくらでもある。それが刺激になって、本来の自分の仕事にフィードバックされることがある。

京都大学がノーベル賞受賞者を多数輩出するのは、学際的な付き合いができるからだという。専門を越えて交流があり、しかも上下関係がゆるやかなので、自然と談論風発するらしい。それぞれが独自な視点から意見をいうので、自分の研究に別の角度から光を当てられる感じがあるのかもしれない。東大は上下関係が厳しいし、だれもが上昇志向が強くて教授になりたがるから、そうはいかないようだ。

発想とかアイディアというのは、単線型、直線型で追い求めても、うまい結果が出ないことが多い。それこそ別のことをやっているときに、ぱっとひらめいて、ブレークスルーするということが多いのではないだろうか。

一見、それは偶然頼りになるので成果がおぼつかない、と思いがちだが、新しいアイディアは通常の業務からは出てこないものである。上手に遊んだり、気をゆるめたり、人と冗談を言い合ったりするうちに、はっと思いつくのだろう。

寝ているあいだに、じつは頭に引っかかっている問題は、密かに検討が続けられている、という。だから、目覚めてそのまま机に向かうと、課題が解決されている、ということがある。

　自分にはどうも人と比べて、思考の幅がない、相手のこともバカやアホといって限定しがちだと思う人は、自分とは違うタイプの人と話す時間をもつことを、ぜひおすすめしたい。

3章
バカの知恵――
変えられるところから変える

1

思い込み《スキーマ》という病

——二分割思考の落とし穴

認知心理学の知見

脳をハード面から研究するのが大脳生理学や脳科学であり、脳をソフトの面から研究するのが認知科学である。その認知科学の代表が認知心理学といわれる分野で、これがなかなか役に立つ知見を重ねている。

その起こりは１９６０年代であるから、心理学のなかでは比較的新しい分野ということになるが、「思考力」について考えていく場合に、示唆に富むものが多い。

思考の認知心理学の泰斗《たいと》は市川伸一《いちかわしんいち》東京大学大学院教育学研究科元教授である。彼によれば、レベルの高い思考、つまり問題解決の思考は、頭のなかにインプットされた知識をもとに推論することをいう。

1章で、あるバラエティ番組の珍回答を紹介したが、彼らはもてる数少ない知識を組み合わせて、答えを編み出していた。土台があまりにも脆弱なために、とんでもない答えしか導けないが、認知心理学で想定される手続きを踏んでいることは否定できない。

もちろん、認知心理学は、無から有を生むとは考えない。既存の何かと何かを組み合わせて、それらしい答えを作り出すのである。

たとえば、人と交渉するのでも、自分の経験からうまくいった例、失敗した例などを思い出し、今度の相手にはどういうやり方がふさわしいか、思考のシミュレーションをするはずである。

なにか新しい料理を発案するのも、たいていは独創ということはなくて、既存の料理のバリエーションであることが多い。辛みだけだったものに甘みを加えるだけで、違う料理ができ上がる。

その場合に、あまりに基礎になる知識が少ないと、判断に狂いが生じてしまう危険性がある。それこそプロといわれる人たちは、信じられないくらいの経験と試行錯誤を重ねて、自分の土台づくりをしているからこそ、臨機応変の技をくり出せるのである。その蓄積がまた彼らの自信にもつながっている。

だから、ときに硬直した意見しかいわない人は、そのもととなる知識が不足しているために、同じことをくり返している可能性がある。

推論の訓練

知識だけがあって、それが斬新な発想やアイデアに結びつかない人は、推論の部分に弱さがあると考えられる。あるいは、知識の獲得だけに終わって、それをいろいろかき混ぜて、推論を行う訓練がされていないのである。

私があるテレビに出て、消費者心理から経済の話をしたことがある。すると、経済の専門家から突っ込みが入った。「あなたは○○という学者の学説を知らないのか」「世界の趨勢は違いますね」といった冷笑したような意見をいわれた。

彼らはただ過去の例を引っ張り出してきて、それを私にぶつけただけで、自分の独自な意見をいったわけではない。

たしかにものを語るのに、どうしても避けて通れない知識がある。たとえば、乳がんがある程度進行したとき、全摘と部分切除の場合で生存率がほぼ違わないことが分かっている。全摘という考えしか持ち合わせていないと、患者によけいな負担をかけてしまうことになりかねない。

そういう欠かしてはいけない知識は、当然身に付けて事に当たるべきだが、専門家しか意見をいってはいけない、というのは明らかに間違いだろう。たとえ素人の意見でも、傾聴に値することもあるかもしれない。

私はかえって彼らに、**受け売りの知識だけにこだわる知的怠惰**を見る思いだった。だから、せっかく集めて自分のものとした知識＝材料に推論を働かせて、いろいろに応用を利かせる癖をつけておく必要がある。そうすると、自然と固い頭も柔らかくなる。

たとえば、今回のコロナ対策で巨額な財政資金が休業補償などに使われた。それに対して、心配なのは事態が落ち着いたあと、緊縮財政に入って、それこそコロナ以上の倒産件数となるのではないか、ということである。

そのときに、リーマンショックなどの前例を思い出すと、なにかヒントになることがあるかもしれない。それで、調べていくと、あの経済ショックから他国に比べて早めに回復基調に入ったのは、積極的に財政出動した国であることが分かる。スウェーデン、スイス、ドイツ、日本、フィンランド、ベルギーなどの国が顔を出す。

さらにいえば、リーマンショックで相当な打撃を受けたスウェーデンは、ＩＭＦが支援する代わりに緊縮財政を強いると分かって、同国は国民投票で否決し、医療費、住宅支援、再就職支援などのセーフティネットに予算を投じ、早い回復につなげた。

これも経済の常識からいえば異例に入る話で、たくさん使ったのだから財布の紐をきつくする、とふつうは考えるが、人の心理は違うのである。危機のときに国民のマインドが冷えては、元も子もないということだろう。

こういう事例を知っていると、今回の騒ぎでもそれを援用し、政府の対応が正しいのかどうか、判断することができる。これがいわゆる推論である。もちろん、前例の通りにいくとは限らないということも心しておく必要はあるが。

推論からメタ認知へ

ある程度、ものごとを考えるときに推論の癖がつけば、前提もなしにものごとを単純に割り切る心性からは離れることができる。

しかし、ここが人間のおもしろいところだが、推論はけっして無色、中立ではないということである。感情の影響を受ける可能性もあるし、周りの権威者におもねっている可能性もあるし、獲得した知識にこだわって柔らかい推論を働かせていない可能性もある。自分の置かれた立場が影響することもある。

たとえば、感情ひとつとっても、気分が落ち込んでいたり、悲しい思いに沈んでいるときに、真っ当な推論ができるか難しい。こういうときは悲観的な推論しかできないものだということが知られている。そのときの感情で経営者だって判断ミスをするのである。

だから、もう一段高い所から、自分の推論や知識を俯瞰することが欠かせない。これを**「メタ認知」**という。自分を客観視することほど、大人の態度はない。そのまま押し通すのではなく、一度ストップして、自分の思考を点検するのである。どこかに無理がないか、遺漏はないか、もっと別の角度からのアプローチはないか……さまざまに検証して、これでいける、となったときに、まえに進むのである。

自分でメタ認知するのが難しい人は、だれか高次の次元でものごとを見ることのできる人に、自分の考え方を話してみて、その妥当性を聞いてみる、というのも方法である。それをくり返しているうちに、自分なりの検証の仕方が身についてくるはずだ。

だから、学者のなかにはメタ認知は、能力ではなく態度、姿勢の問題だという人が多い。ふだんから自分の考え、判断をスクリーニングする癖が付いているかどうかということである。「バカ」の言説にこだわる人には、ぜひ身に付けてほしい技である。

思い込み（スキーマ）の功罪

知識を組み合わせ、推論を働かせ、自分なりの判断を導き出す。その推論と判断のあいだにメタ認知を導入するわけだが、「スキーマ」という概念は、思考の一連のプロセスがくり返されることで、固定化することを警戒するものである。

たとえば、安売り商戦を仕掛けるとする。いくつかの知識のなかからAというアイディアを思いつき（推論）、それを一度、高次から見て点検し、実行に移したとする。数カ月が経ち、まだ同じ商戦を実行するとなったときに、以前に行った経験が安易に援用されて、実行に移される。成功した試みであれば、よけいにそれは歓迎される。

この認識のパターンのことを**「スキーマ」**という。思考は一度流れ方が決まると、またそのパターンを使って流れようとする傾向がある。たとえば、一度安売りで成功すると、ずっと同じ手を打ち続けるのだ。

私はよくイスを例にとって説明をするのだが、たとえば目をつぶって、ある物にぶつかる。木製で固く、膝の高さぐらいに平面が突き出し、その下には4つの足が床に達している。これはだれでもイスだと答えるはずだ。

そういうまとまった認識のかたまりみたいなものが「スキーマ」である。ある種の固定した認識といえる。そうでないと、毎回同じものを触っているのに、イス、机、ベッドとなったら、自分の主観は崩壊する。また、目をあけていても、これが何かといつも考えるようであれば時間がいくらあっても足りない。

固定している分、新しい認識をつねに引き入れて、自分に揺さぶりをかけていないと、ついいつものやり方で思考をしてしまうかもしれない。それも自分で気づかないうちに、そうやっている、というものなので、注意が必要である。とくに、人を「バカ」という癖のついている人など、気にかけたい点である。

だから、**知はつねに新鮮に保つ必要がある**のである。他流試合をして異なる意見にぶつけてみるとか、新しい知見にアクセスして更新をくり返すとか、**スキーマの罠に落ち込まないための習慣が必要**である。

メタ認知は一度やってしまえば終わりというものではない。つねに自分の思考に疑いの目を向けて、それってまだ通じるの？　ほかにやり方があるのでは？　といった検証が必要である。おそらくプロといわれる人々は、立ち止まることは後退と同じだと思っているはずだから、ふだんからスキーマには気を付けているはずである。

複眼的な思考はなぜ難しいのか

ロヨラ大学心理学科のユージン・B・ゼックミスタとジェームズ・E・ジョンソンは、スキーマを得たあとの情報処理の仕方を以下のように説明している。例として、

「酒飲みは煙草を吸う人が多い」というスキーマを考えてみよう。

　まず第一に、人はスキーマに合致した情報を選択しがちである。たとえ小さな新聞記事でも、自分の思い込みに合ったものだと、鮮明に記憶に残る。「喫煙者のための居酒屋誕生」などの記事を見かけると、やはりニーズがあるんだ、と納得する。

　第二に、スキーマに合致しない情報をオミットするようになる。たまたま入った居酒屋で喫煙者が少なくても、ここは外資系の多い地域だから特別だ、などと何か勝手な理由を付けて、目の前の事実を否定してしまう。

　第三に、スキーマに合致した情報のほうが、そうでない情報より記憶されやすい。たまたま入った居酒屋が喫煙者が多いと、ほらやはりいったとおりじゃないか、と確信をもつ。

　第四に、これがいちばん問題かもしれないが、スキーマに合わせて記憶を歪ませてしまう傾向がある。喫煙者がほとんどいないお店だったのに、記憶ではけっこうな人数がいたようなことに変えてしまうのである。

　スキーマがあることで情報処理が速くなるわけだが、それは両刃《もろは》の剣ということになる。年齢を重ねて経験を積むほどに、雑多な情報に触れるのが苦手になる。そうすると、手慣れたスキーマでの処理が大部分を占めるようになる。それが安定感にもつながるわけだが、若手の新規のアイディアに反応できない、ということも起きてくる。ほぼそれと似たものに、立場から来る知識選択、推論の歪みもある。有名な社会心理学の実験で、「日本人でタバコが好きな人はどのくらいいるか」という質問に、喫煙者は多めに答えがちだし、吸わない人はあんな健康に悪いものを吸う人は少ないに違いない、と答えがちであることが明らかになっている。

会社で高位に就いていれば、保守的な考えになりがちだし、大阪に住めば東京に対抗心をもつのがふつうだし、広島にいればカープファンになりがちである。いずれも**立場、環境などによってバイアスがかかっている**といっていい。

そこを脱して、もっと複眼的になる、というのは、意外と難しいところがある。だから、不断の検証が必要なのである。

認知的不協和がもたらす不幸

心理学者レオン・フェスティンガーは**認知的不協和**という考えを提起している。自分の認知に沿うものは受け入れやすく、そうでないものは不協和として取り入れない、というものである。これもわれわれがふだん経験する認知のあり方といえる。

その例で典型として扱われるのは、宗教の入信の問題である。入口のところで苛酷な修練を課される、割高な喜捨を求められるなど、ある程度の犠牲を強いられた人ほど、入会後、熱心な信者になる可能性が高い。

それは辛い門をくぐって入ったという思いがあるから、その選択を台無しにしたくないという心理が働くのである。よくいんちき臭いものほど高く売りつける、という悪徳商法があるが、それも同じ心理を利用している。

いくら**「それは間違っている」という情報が入っても、自分の認知と不協和であれば、弾いてしまう**ので、なかなかそういう状態から抜け出すのは難しい。

オウム真理教の場合、似通った心性の人たちが、まして合宿状態を続けていたので、よけいに不協和のニュースや情報は遮断されがちになったのだろう。共通の価値観をもって閉じた体系のなかにいる人間は、頑としてほかの人の意見を聞かない。

SNSなどで集団で同じような攻撃を仕掛けるのも、構造としては認知的不協和と同じだろう。よそからの批判の声は聞こえず、「ああ、みんなもやっているんだ」という思い込みが、自己を振り返るチャンスを失わせているように思えてならない。

俯瞰でものごとを見るのが大人の第一の条件

認知心理学を用いて、思考の組み上げのプロセスと、そこから派生する罠について触れてきた。柔軟で、強靭な思考に至るのは、そしてそれを続けるのは、かなり難度の高い行いであることが分かっていただけただろうか。

しかし、これも先に述べたように能力ではなく態度、姿勢の問題である。つねに意識していれば、なかなか頭の働く人だ、という評価を得るようになる。

認知心理学は、自分の思考をその癖まで含めてメタに認識することを求めている。そのメタ状態はじつは、行動、行為、実践に移してこそ意味がある。それを〝**メタ認知的な活動**〟と呼んでいる。

私はメタ認知およびメタ認知的活動とは、大人の認識、行いのことではないかと思う。ここでいう大人とは「理想化された大人」のことである。世の中には認知的に幼児状態のまま成長が止まっているような大人もいるし、かえっていまはそのほうが多いのではないかと思うことが多い。

書籍でも、「大人の〜」とタイトルに入った本が多いのは、逆に大人が少ないからに違いない。

大人の第一の条件は、俯瞰でものごとを見られることである。若いうちは、目の前のことにこころを奪われるのは仕方がない。経験を積むほどに、目の前のことでも、ひとつ高いレベルから見ることができるようになる。囲碁でも将棋でも、高段者になるほど見えている風景が違う、という。まさに〝メタ認知〟が大人の条件なのである。あと、先の章で触れたように、目先の分かりやすい結論に飛びつかないで、灰色の、曖昧なままに答えを寝かしておくのも、大人の条件である。

それに付随したことだが、複数の答えを思いつくことができるのも、大人の条件である。

これはあくまで仮想としての大人である。しかし、目指してみたい大人でもあることは、たしかである。

妙に人間臭い行動経済学が教えてくれること

経済の話というと、人間の心理とはかけ離れたものと思いがちだが、最近の行動経済学という分野は妙に人間臭いところがある。そして、心理学を経済学に応用したものだから、その知見に使えるところが多いのだろう。

たとえば、人は得したことより、損したことのほうが心理的インパクトが強いとか、損失局面ではそれを打ち破るために危ない決断をしがちである……などなど。

経済はそもそも、人間はみんな合理的な判断をする、という前提で成り立っている。身の周りを見れば、どう考えても不自然な前提であることがすぐに分かるはずだ。理論どおり人間が動くのであれば、これほど簡単なことはない。

値段を安くすれば買うし、高くすれば買わなくなる、などは、その典型的な考え方である。しかし、人は1杯2000円のコーヒーでも求めて飲むことがあるのである。

景気が悪そうになれば、財政出動をして、さらに金利を下げて、円安に誘導して、とやれば、すぐにどうにかなりそうだが、けっしてそんなことはなかった。だから、

20、30年と、日本は景気が悪いままだ。

また、経済学には「みんなが完全な情報をもっている」という前提がある。これも不自然な前提である。アメリカで中古車価格の比較サイトができたとたん、中古車の値段がぐんと下がったという話があるが、それは買い手側に情報がなかったからである。これを〝**情報の非対称**〟と呼ぶ。

この「非対称情報の経済学」でノーベル経済学賞を取ったのが、ジョセフ・スティグリッツである。

ここのところ近代の合理精神のかたまりのような経済学に異議を唱える一派が登場し、ノーベル賞受賞者まで出すようになった。それが行動経済学といわれる分野である。

行動経済学の祖といわれるのは、ダニエル・カーネマンである。

カーネマンは、合理的な判断ではないものを分析し、それによってどんな経済行動をとるか予想する学問を打ち立てた。彼もまたノーベル経済学賞を受賞し、そのトレンドのなかで2017年に同じ行動経済学のリチャード・セイラーもまた同賞を受賞した。

損は得の2・25倍のインパクトがある

カーネマンはおもしろいことをいっていて、人は、富の「絶対量」ではなく、「変化」に大きく影響されるという。彼の理論から、金持ちがケチな理由が分かる。

たとえば100億の資産を持っている人が、株で5000万を損したとする。一方、100万の貯金しかない人が、宝くじで10万円当たったとする。

損をした金持ちは悔やしがり、預金の少なかった人は得をして安堵とともに喜びもひとしおである。ここで、カーネマンは、人間の心理として「**損失回避性**」が強く出る傾向があるといっている。それは、得することを期待する気持ちより、損を恐れる気持ちのほうがより強い、ということである。

先の貧富の2人を見た場合、100億のうち5000万を失ったほうが増減の割合が小さそうに見えるが、実は心理的な（マイナスの）強度をより強く感じているのは、この富者のほうなのである。

だから、金持ちになっても一度手に入れた財産に執着し、できればあらゆるチャンスをつかんで、資産を増やそうとする。

ほかの例で考えてみよう。

今回のコロナ騒ぎで、極端にマスクが手に入らなくなったことがあった。それがある程度、出回るようになって、たとえば3枚800円で買って、その先の店で3枚1000円で売っていれば、200円儲かったと喜ぶはずである。

しかし、3枚600の円の店があったとすれば、どうだろう。悔やしくて、そのことばかり思い出すのではないだろうか。

これは経済ばかりか、一般にも通じる話である。過去の経験では、成功よりミスや失敗のほうが妙にまざまざとこころに残っていることが多い。成功体験はそれに比べて印象が薄く、どれも似たような顔つきをしているが、ミス、失敗は多彩である。

カーネマンは、「損は得の2・25倍のインパクトがある」といっている。1万円の減給は、2・25万円の昇給に匹敵するという計算になる。

私はパソコンやスマホを買い替えるときはいつも、逡巡してしまうことが多い。乗り換えるといままで使っていた機能がなくなるのではないかとか、あるいは電話帳を移し替えるのは面倒だ、という思いが強く、損をする感覚になるのである。新機種に換えたほうが得になる、というふうには、気持ちがうまく切り換えられないのである。

この思いは意外と多数の人と共有できるのではないかと思う。損をした、面倒だった、という思いだけが強く残るというのは多くの人に心当たりがあるはずだ。

食堂などに行くと、いつも同じものを頼んで、ほかは一切目もくれない、ということがある。それは、ほかを頼んで失敗するのが嫌だから、安定路線につい行ってしまうのである。気持ちを変えて、まだチャレンジしたことのない料理を頼めば、思いがけなくおいしく、得した気分になるかもしれないのに、そうはなかなかしないのは、カーネマンの理論を裏打ちする行動といえるだろう。

どうも自分は失敗の経験を大きく考えすぎるきらいがあるという人は、この損失回避性の逆をいくように試みるといいかもしれない。

「バカ」という口癖から抜け出そうとしないのも、損失回避から説明することが可能である。いちばんその態度が、自分に都合よく思えている限り、損を覚悟で別の論理に乗り換えるのは難しい、といえる。

そこで、損得勘定の「得」のほうに秤が傾くような誘導策が必要なのである。

損失局面で起こる現状打破の心理

「**現状維持バイアス**」というのがある。これはあまり説明が要らない概念だろうと思う。だれしもなにか特別な事情がないかぎり、現状を変えたいとは思わないはずである。いま現在、かなり居心地が悪いというときに、変革したい、という選択肢が浮上してくるのだろうと思う。

行動経済学では、損失局面になると現状打破の心理が起こる、といっているのが、これに相当する。たとえば、長く課の成績が振るわない。いくら発破をかけても、営業成績は下降線をたどるばかり。

そういうときに、たとえばいままでの不成績を一挙に挽回できる案件に課員のひとりが遭遇する。その話を興奮して持って帰ってきて報告する。課長には少し納得のいかない部分があるが、時が時だけにそれを押し殺して、目の前のチャンスにのめり込んでいく。

そして、案の上、課長が少しこころにひっかかった部分が、あとで決定的な失敗の要因となっていく。ふだんならおかしいと気づいて弾いてしまうことも、負けの局面が続くと、判断が狂うのである。

株はどこで損切りするかが、火傷を負わない知恵だが、もう少しと辛抱しているうちに、取り返しのつかないことになる。人は余裕をなくすと、まともな判断ができないということだ。

よく競馬や競輪では最終レースの本命に賭ける、という法則がある。

すごく負けが込んでいる人は、最終レースでの挽回を期待する。負け続けたんだから、今日は止めようとは、なかなかならない。過去に一発逆転で甘い汁を吸ったことがある人は、よけい理性のブレーキがかからない。

最終レースに夢を託す人が多くなると、穴狙いが増え、逆に本命のオッズもつられて高くなる。だから、競馬、競輪では最終レースの本命を狙え、となるのである。確率的にはそのほうが明らかに有利だからだ。

自分が負け局面、マイナス局面に入ったら、要注意ということである。

2 無理なことは無理しない

――2つの心理療法

治せるところから治していく

ここから2つの心理療法について触れていこうと思う。どちらも病の根本を直すという発想をとらず、現象面からアプローチして、悩みを軽くしていく方法をとる点が似ている。

本来はこころの悩みをもつ人のための治療法だが、自分の言動を変えれば、あるいは態度を変えれば、自ずと心理も変わってくるという解釈をすれば、人をバカ呼ばわりする人にも有効な考え方のはずである。

ある意味、大人の療法ともいえる。治せない部分は治そうとしないで、治せるところから手をつける、という点が、いかにも成熟した人間の発想に通じる。

まず根本から治そうとした人として、ジグムント・フロイトを挙げよう。20世紀に入ったころ、こころの病が不治のものであった時代に、フロイトが登場する。

これは画期的なことで、彼の後世に与えた影響にははかり知れないものがある。世界を覆っていた闇の一部が切り開かれたようなものだ。

フロイトは人間には意識だけでなく無意識の世界があり、そこにさまざまなこころの病のもとがあるとした。ふだん生きている層とは違った、もう一段深いところに、われわれの見ることのできない世界があるとしたのである。

その無意識の層から浮かび上がってくるのが夢であり、これが意識と無意識の間にあるので、その意味するところを分析し、無意識の世界を理解しようとした。このやり方で不思議と治っていく人がいる。これが精神分析という手法で、自由連想なども併せて用いられた。

19世紀末から20世紀初頭にフロイトはこの治療法を確立していくのだが、やや遅れて1920年前後に国際的にも認められる神経症の治療法を開発したのが、森田正馬《もりたまさたけ》である。

現在、精神分析では1回1時間以上、国際基準でいくと週に4～5回は面接が必要で、2年以上の治療期間が要る。

不思議なことに、森田療法では一発で治ったり、遠隔地の患者とは手紙のやりとりだけで治したという話もあるくらいである。森田は世界で最も神経症患者を治した医者ともいわれる。

森田は自身が神経症だったことから、その療法を編み出したという。

旧制第五高等学校から東京帝国大学医学部に進んだ人だが、小さいころから神経質で、かなり年長まで夜尿をくり返したそうだ。旧制中学では心臓の動悸に苦しみ、卒業までに8年かかっている。

父親は息子の病気のことを思い、東京帝大への進学に反対だったらしい。時折、家からの仕送りが遅れることがあった。心配性の彼にすれば、たまったものではない。薬代にも事欠くが、身体が弱いからアルバイトもできない。

彼は尻に火がついたようになって、薬も飲まず勉強に没頭した。自分が優等生になった果てに死を迎えるなら、父親は送金しなかったことを後悔するだろうと考えたのである。

おかげでというべきか、劣等生だった彼の成績がめきめき上がり、１１９人中25番という成績を収めた。しかも、死ぬことはなく、いつもの心臓の痛みもなくなっていた。意識が全部勉強に向かっていたので、心臓の動悸には気持ちがいかなかったのだと彼は解釈した。

歯痛があるときに、熱中できる映画などを見ていると、知らずに痛みが治っていることがあるが、それと同じである。

森田は**症状が出ることが問題なのではなく、それを過度に意識すること（森田療法では「とらわれ」という）が問題**なのだと達観した。

顔が赤い、ということが気になってしょうがない、という人がいる。そういう人に向かって、次のような意識の振り替えをうながすのである。

「あなたが顔が赤いのを治したいのは人に好かれたいという願望があるからでしょ。顔が赤いのを治さなくても、話術を磨くとか、愛想をよくするとかで、人に好かれるようになります。顔が赤くなるのが気になるなら、『私は偉い人のまえに出ると顔が赤くなっちゃうんです』といったエクスキューズを考えておけば、顔が赤いのを治さなくても大丈夫ですよ」

神経症になりやすい人（森田はこれを「ヒポコンドリー性基調」と呼んだ）は心配性で、執着心が強く、自己内省性も強く、そして自己を含めて要求水準が高いタイプである。こういう人は、いい面が出れば、仕事をきちんとやり遂げる有能タイプである。しかし、裏目に出ると、いつまでもマイナスのことにこだわり、とらわれることになる。

森田の治療で治った患者のなかに大作家や有名精神科医、大手企業経営者などもいたことから、評判に一役買ったかたちになった。それは性格がいい面に向かったからだろう。

どうも自分は、人のことをきつくいいたくなる、欠点をあげつらいたくなる、というときは、なにか別のことに意識を振り向けるようにしたらどうだろう。よからぬことに集中する意識をほかにもっていくのである。**批評的精神が他のことに向かえば、クリエイティブになれる**かもしれない。

あるいは森田にならって、集中できるものをなにか見つけて、そっちに専念するのである。激したこころもいつか忘れて、その好きなことに集中している自分に気づくかもしれない。

かぜ薬は存在しない？

アメリカ発の、ものの考え方を変えることで、こころの状態を治していこうという治療法を紹介したい。それが**認知療法**である。

そもそもの発端は、ペンシルベニア大学精神科の教授アーロン・ベックが、あまりにも悲観的なうつ病の患者に、その悲観的な考え方に根拠がないことを示したところ、うつ病が治ったことにあった。これはいわば〝**対症療法**〟で、医療の世界では軽んじられるところがある。

よくかぜ薬は存在しない、という言い方をされるが、いわゆる一般のかぜ薬は発症した症状に過ぎない熱を下げたり、のどの炎症を抑えるだけで、根本のウィルスをやっつけているわけではないので、そういう言い方がされるのである。

新型コロナウイルスで世界じゅうがワクチンの開発に血眼になっているが、これは同じ系列のサーズが流行ったときに、途中まで研究が進んでいたのに、それほどのパンデミックにならないうちに終息したため、開発がストップしたことが大きな影響を与えているとされている。そのまま研究・開発を続けていたら、コロナも早い段階で対処できて、世界的な感染は防げた可能性がある。

しかし、病気がどこかに消えたのに、莫大なお金をかけてむだな薬を開発するわけにはいかない。**治療薬なども経済の論理で動いている**のである。

対症療法とよく比較されるのが、漢方の考え方である。身体を1個の生態系とみて、総合的な観点から症状の改善を目指そうとする。

よくコレステロールを悪役扱いすることがあるが、それは心臓にかかわる医者が主導したもので、ガンの医者から見れば、コレステロールはやや高めの人のほうが生存率が高くなるし、免疫力が上がり、男性ホルモンも多いから若々しいし、元気に過ごすことができる。西洋医学は、人間をパーツの集まりとみるから、片寄った見方になりがちである。現実には、コレステロールが高めの人のほうが長生きであることがいくつもの大規模調査で明らかになっている。生態系としてはコレステロールは悪役でないということだ。これはまさに漢方の発見である。

いずれにせよ、対症療法というのは原因を叩くのでなく、症状に対する治療である。

それでは治るはずがないと臓器ごとに根本原因を解明しようとする現代西洋医学では考えるが、かぜにしても熱をさましてあげたほうが治りがいいことは多い。

うつ病に対症療法的に対処する例として、不眠を訴える患者に睡眠薬を渡したとする。それは1週間もしないうちに効かなくなる。患者は相変わらず眠れないから、薬の量を増やしていくことになる。

いい精神科医であれば、不眠の裏側にうつ病を見抜いて、抗うつ剤を処方する。それで不眠が治ることがある。

ベックがやったのは、その不眠の薬を出すのと同じようなことである。ふつうであれば、なんと安易なことを、といわれる類いのことである。しかし、実際に彼はその表面的なやり方で、患者を治したのである。理論より実践を重んじるプラグマティズムのアメリカだから、受け入れられた療法ということができるかもしれない。

ベックのやり方は万能ではない。彼の方法で治らない患者もいたが、救い、あるいはメリットがあるとすれば、彼の療法では、**必要以上に症状が悪くなることはない**、ということである。

うつ病は悲観的な感情に襲われて、そこから抜け出せず、最後は生きていることに希望をもてず自殺に至るケースまである。森田療法と同じで、**悪循環が根本の悪**と考える。悲観的な考え方にアプローチすることで、うつ状態と悲観の連鎖を緩和するのが認知療法の基本的な考え方だった。

自動思考からの離れ方

現在の認知療法では、〝**自動思考**〟が問題だとされている。

それは、確信と前提→感情的な反応→歪曲された認識と記憶の再生→対人的な行動→他者の反応、というパターンを踏むことをいう。具体的に説明していこう。

アーティストが気分が落ち込んで、「自分には才能がない」という悲観的な気持ちになっていたとする（「**確信と前提**」の段階）。

そこにプロデューサーが会いたいといってきたとする。彼には、もう見捨てられるかもしれないという疑念が浮かんでくる。その一方で、「おれのおかげでこの会社はでかくなったんじゃないか」「2人でひとりのようにタッグを組んでいたじゃないか」と感情的な反抗心が起きる。これが「**感情的な反応**」である。

一度、こういう負の感情にとらえられると、次々とマイナスの記憶が引き出されてくる。大事なパフォーマンスの日に遅れてやってきたことがある、人がナーバスになっていたときに無神経な発言をくり返していた、といったような記憶がどんどん出てくる。これを**「歪曲された認識と記憶の再生」**と呼ぶ。

これらの感情は、ほぼ自動的に生起していると考えてほしい。次は、感情に押された行動の局面に入るが、そのプロデューサーに向かって、きつい言葉を投げかける。「才能もないのにアーティストを扱うな」「なにが敏腕プロデューサーだ」と悪罵《あくば》が止まらない（**「対人的な行動」**）。

もとは自分の身が危ないのではないかと心配だったのが、自分から危険に飛び込んでいくようなことをするわけである。これだけいわれれば、売り言葉に買い言葉になってしまうかもしれない。火元などなかったのに、焚《た》き付けてしまった状態である。「おまえなんか出ていけ」「恩を仇《あだ》で返すのか」（**「他者の反応」**）……。

小さな疑念が大きく、確信的になった段階で、もう感情の自動運動が始まっている。そういうことがあるから、疑念や不安が小さいときに、それを肥大させないようにする必要がある。心配なら自分からプロデューサーのところに顔を見に行けば、一発で変な思いから解放されるはずである。あるいは、多少は齟齬があっても、事はそう大きくはならないだろう。

無理なことを無理にしようとしない

認知療法の基本的な考え方は、マイナス思考をプラス思考にしようとか、自動思考が起きたときにそれを打ち消そうとするものではない。**無理なことを無理にしようとはしない**のが、認知療法の基本のスタンスである。

では、どうするかというと、ほかの可能性を考えられるようにするのである。

たとえば、「見捨てられる」と思ったときが100パーセントとすると、紙に書かせて、「その可能性は何パーセントくらいだと思いますか」と聞くと、なかなか100パーセントはいわないものである。仮にそのアーティストが90パーセントと答えれば、10パーセントのほかの可能性が生まれたことになる。

「その10パーセントは、解雇でしょうか。ほかの可能性は?」と聞けば、「休暇を取らせるかな」と答えるかもしれない。「それは何パーセント?」「10パーセントかな」

「ほかには？」と聞いていくうちに、確信がどんどん揺らいでいく。そこまでいくと少なくともプロデューサーに喧嘩を売ることはなくなる。

うつで問題なのは、悲観に塗りこめられて、ほかの可能性に気づけずにいることなのだ。だから、そこをほかの方向に切り替えるのである。線路の歪みやレールを新品に換えるのではなく、転轍機《てんてつ》（線路の分かれ目につけた車両を他の線路に移す装置。ポイントのこと）で別のほうへいざなう。そして、いままでとは違う風景が見えれば、多少はうつの辛さからこころを離すことができる、と考えるのである。

「認知の歪み」とは何か

認知療法はアメリカ精神医学の世界で有力なこころの治療法となっていく。そして、たくさんの知見を重ねるうちに、ある種の考え方のパターンの人がうつになりやすいことが明らかになってきた。

ベックの最有力の弟子であるアーサー・フリーマンが「よく見られる認知の歪み」として、それをまとめた。こういう考え方をしていると、いいときはいいが、ちょっとしたことでうつ病になりやすいし、そして治りにくい、というものを挙げたのである。これは、うつとは関係ないと思っている人も、参考になる考え方ではないかと思われる。

そのうつになりやすい思考パターンの代表例が、まえにも触れた「**二分割思考**」である。白か黒かの価値判断しかない人は、周囲の人を敵か味方か、バカか利口か、といった割り切りでしか見ることができない。

相手をバカと思えば、ほかの利点があっても無視してしまい、幅をもって見ることができないから、評価が変わることがない。一見、心理的に強いように見えるが、内実は弱く、一生懸命相手のいい面を見ないようにしているだけで、あるときにふと自分の太刀打ちできないものを相手がもっていることに気づくと、その砂の城のような自信が揺らぐことになる。

あるいは、味方のはずの人間がちょっとした批判をしただけで、「裏切られた」と過剰に反応する。気持ちの浮き沈みが大きいぶん、うつになりやすいといえる。

彼らは概して知的レベルも高く、仕事などでも能力が高い。というのは、完全かゼロかという価値基準だから、完璧を目指して仕事に打ち込むので、成績も付いてくる。

しかし、小さなミスでも許せないところがあるので、きっかけ次第で気分はダウンしていく。

こういう人はグレーゾーンや曖昧な状態に耐えられない。本書のテーマでいえば、大人になりきれない人たちである。子どものように単純な二分割思考から抜け出せないのである。

その他、フリーマンの挙げる「よく見られる認知の歪み」として、不適応思考の11のパターンを紹介していこうと思う。

〈① 過度の一般化〉

これはよくある極論のパターンで、たとえば高齢者の重大交通事故が続くと、免許を取り上げろという声が大きくなるが、交通事故で免許保有者あたりの死亡事故がいちばん多いのは16歳から24歳の若者によるものである。そっちは置いておいて、ちょっと目立つ事故が起きただけで高齢ドライバー全般をやり玉に上げるのは、この過度の一般化にあてはまる。

人口構成からいけば、高齢者は28パーセントを占めるわけだから、もっともっと事故が多くても不思議ではない。そういう冷静な判断をしないで、分かりやすい現象や数字にすぐに飛びつく傾向は、だれしもがもっている。注意したいものである。

〈② 選択的抽出〉

前項と似ているが、悪い点がひとつでもあると、いい点が見えなくなり、**非難一方になる**場合をいう。その逆もまた真なりで、いい点に目がいくと、欠点がまったく見えない思考法である。

〈③ 肯定的な側面の否定〉

これは**ダメな点、欠点だけに目が行って、プラスの方向でものが見られない**ことをいう。こういう思考の人は、概して嫌われる傾向が強い。一緒にいても粗さがしばかりされるようで、気分が悪くなってくるのである。

相手が嫌いなタイプだとよけいにこの傾向が強くなる。それが自分に向かう場合は、自己嫌悪となる。いずれにしろ、周りに敵ばかりつくるタイプで、別に好んでそうしているわけではないが、ちょっとしたほめ言葉も出てこないのでは、良好な人間関係を築くのは難しい。
自分にいい点があるのを受け入れられないので、もちろんうつ病にもなりやすい。

〈④ 読心〉

人の心理を「こうだ」と勝手に決めつけてしまうことをいう。一度、なにかでその心証を得ると、それを変えるのが難しい。あいつは俺を騙《だま》そうとしている、と思うと、格段の好意を寄せられても、それを胡散《うさん》臭い、策略のあるものと感じてしまい、相手との関係がよくなっていかない。

〈⑤ 占い〉

将来のことを決めてかかることをいう。まえに述べたスキーマの強い状態だといえる。自分はこうなるんだ、プロジェクトはこういう成果に終わる、と思い込むから、悪い（あるいは、いい）兆候があっても、それに気づくことができない。柔軟性に欠けているので、ものごとがうまく運ばない可能性が大きい。逆に悲観的な予想をするとそれを真実のように思ってしまうので、やはりうつになりやすい。

〈⑥ 破局視〉

ちょっとしたことで将来に絶望するパターンである。針小棒大という言葉があるが、まさにそれで、**ふつうなら気にもかけないことを大げさに考えてしまう**のである。ある商談がダメになったというと、もう自分には出世の道は閉ざされた、と考えたり、彼女が気のない返事をしたら、もう2人の関係は終わりだ、と思い悩むタイプである。こういう心理状態がメンタルに悪影響を及ぼすのは当然である。

〈⑦ 微小視〉

前項が小さなことを大きくとらえすぎるものとすれば、これはその逆で、本当はダメージが大きいのに、大したことない、と**小さく考えてしまう傾向**である。どっちが問題かといえば、ことの重大さに気づかないことのほうが、一般的なビジネスシーンでは影響が大きいだろうと思う。

あるいは、自分事でも、成功や幸福などをそのままで受け取れず、小さくとらえるので、しあわせになりにくいタイプといえる。

〈⑧ 情緒的理由付け〉

これは理性とか合理性とかでものごとを判断するのではなく、**感情に流されてしまうこと**をいう。人間はえてしてそういうことが多いのだが、だからこそよけいに気を付けたい点である。

夫婦喧嘩をしたあととか、部下のへまを叱り飛ばしたあとなど、感情が高ぶっているときに大事な判断をすると、ろくなことがない。まずは自分を落ち着かせて、理性的な状態になるまで待っていなくてはならない。

あるいは、ビジネスライクで考えるべきところを、あいつには恩義を受けたからとか、彼に人間的に惚れたから、などといった情緒的な理由で、大事な決断をしてしまうこともいう。ビジネスには、そういう要素が必要なときもあるが、やはり大半は合理的に考えて対処すべきことが多い。

こういう人は気分がハイなときには判断が楽観的になりすぎるし、落ち込んでいるときには悲観的な判断しかできないものだ。

〈⑨ 〜すべきという言い方〉

これが何度も問題にしてきた**Should思考**である。はたから見ると、意固地に見えるタイプがこれである。「かくあるべし」が強いから、突進する力はあるが、引いたり、ヨコに飛んだりの変化技ができない。「人に頼るのは恥だ」とか「押しの一手である」などの信念が、必要以上に強いと、これもまた冷静な判断ができないし、自縄自縛に陥りやすい。

これだけ時代の変化が激しい時代に、柔軟な対応ができない、というのは、決定的にまずい資質である。別のところでも書いたことだが、立ち止まっていること自体がリスクになる時代である。的確に情報をとらえ、分析し、決断し、まえに進み、様子がおかしいならすぐに軌道修正を利かし、また新情報をつかまえ……といった永久運動をするのが、求められるビジネスの姿になっている。

〈⑩ レッテル貼り〉

もともとの認知療法の用語としては、自分に対するレッテル貼りである。ちょっとミスっただけで、自分にルーザー（敗者）という張り紙をしてしまうような傾向をいう。その貼ったレッテルから外に出ようとしないのが問題である。

人にレッテルを貼る場合も、そのほかの**可能性を見なくなる**という弊害がある。レッテルを貼る人は、客観分析がきちんとできないわけなので、ビジネスの力もそう高くないことは想像がつく。

いってみれば、これもスキーマでものごとをとらえる思考パターンである。前述したようにスキーマがあるおかげでわれわれの情報処理はスムーズにいくわけだが、ビジネスなどの決断や判断の局面でスキーマに固定化されたものしか出てこないとすれば、問題だろう。

〈⑪　自己関連付け〉

ものごとがうまく行ったときは自分の手柄に、失敗したときは自分のせい、と考える思考パターンのことをいう。成功も失敗も、全部自分の働きで決まるということはほとんどないはずだが、そう思ってしまうタイプなのである。

成功を独り占めすると風当たりが強くなるし、失敗を独りでひっかぶれば、メンタルがやられてうつになりやすい。

私は自分の本などでもテレビの功罪の罪をいうことが多い。ここに挙げた項目でも、〈過度の一般化〉〈選択的抽出〉〈肯定的な側面の否定〉〈破局視〉〈レッテル貼り〉などは、テレビで頻繁に見られる現象である。人間のそういう心理特性に付け込んでテレビの中身が構成されているのではないか、と疑いたくなるほどだ。

センセーショナルでなければ、人は振り向いてくれない、というのは分かるが、概して、**中身が薄っぺらなときに限って、見出しは大げさになりやすい**。

フェイクニュースがアメリカ大統領選に影響するほどに、事実がなにか、ということが揺らいでいる。SNSを使った短絡的で、攻撃的な言説がますます多くなっているときに、**冷静にファクトチェックできる人が、これから求められる人材**なのだろう。

テレビを見ながら、これは〈過度の一般化〉だなとか、ちょっと〈レッテル貼り〉もいい加減にしてほしいな、とか茶々を入れてみたらどうだろう。思考の幅を広げ、自分の気持ちをノーマルに保つのに効果があるはずである。

それと同じく、ここで挙げた**不適応思考のパターン**を自分に当てはめて、自己チェックに用いれば、むだなスキーマから脱するメタ認知のトレーニングになる。
そうすると、人を「バカ」呼ばわりすることもほぼなくなるかもしれない。

4章

バカの楽しみ――

「小さな度胸試し」で正解のない世界を楽しむ

1

パーソナリティ障害だけは要注意

損得で考える人付き合いはなぜ必要か

前章までの基調は、「バカ、利口で分けるな」、「バカとも付き合わないと損をする」ということだった。

ただ、精神障害のなかで、パーソナリティ障害といわれるものだけは要注意である。友達や恋人、上司、部下など身近な人間関係にこの障害の人がいると、通常のコミュニケーションをとるには大変なところがあるからである。

その場合、自分にとって損か得か、害があるかないか、というドライな考えのほうが、対処法としてしっくりくる。付き合うとメンタルをやられる、というのも、判断基準になる。

なまじウェットな価値観、つまり人間関係は大事にしなくてはいけないとか、損得を越えた〝人情〟が大事だとかいったものは、パーソナリティ障害と向き合う場合には、百害あって一利なし、といわざるをえない。

要するにパーソナリティの歪みから、こちらが苦労するような人間関係に陥れられてしまうからだ。

現代の精神分析療法のメインターゲットとされるのが、**ボーダーラインパーソナリティ障害と自己愛性パーソナリティ障害**である。私も、この2つのタイプのパーソナリティ障害に接してきたが、精神科医の立場としては、治る病気であると考えられているし、少なくとも以前よりは適応がよくなったりするものだが、プロでもかなり疲れるので、社会生活をふつうに送る読者には、要注意といっておく必要を感じる。

その理由はおいおい語っていくつもりであるが、結論をいえば、その2タイプは極度に相手を振り回すことになるので、要注意なのである。

似たようなことばに発達障害があるが、これは対人関係などの発達が遅れているというだけで、40代、50代になれば、人間関係のスキルなどもつかんでいく可能性をもっている。

精神分析の新たなターゲット

精神分析は神経症の患者の治療で顕著な実績を残してきたきたわけではないし、お金と時間がかかるということもあって富裕層にしか広まらなかったようだ。さらに1950年代から60年代にかけて有効な精神安定剤やうつ病の薬が開発されて、カウンセリングを受けなくても、それなりに症状が軽減されるようになり、ますます精神分析のニーズがなくなってきていた。

言い方が悪いが、そこで新たな市場として注目を浴びたのが、ボーダーラインパーソナリティ障害と自己愛性パーソナリティの2つの障害である。

現在、**DSM-5**というアメリカの現在の統一的な精神医学の診断基準では、10種類のパーソナリティ障害が規定されている。先の2つのパーソナリティ障害もそのなかに入っている。

困った人❶……ボーダーラインパーソナリティ障害

ボーダーラインパーソナリティ障害は境界性パーソナリティ障害ともいわれる。アメリカの統計では、2〜5パーセントはその診断基準にあてはまる人がいるという。DSM－5では、次のような診断基準が挙げられている。

1　現実に、または想像のなかで見捨てられるのを避けようとするなりふり構わぬ努力

2　理想化とこき下ろしとの両極端を揺れ動くことによって特徴付けられる、不安定で激しい対人関係

3　同一性の混乱（著明で持続的、不安定な自己像または自己認識）

4　自己を傷つける可能性のある衝動性で、少なくとも2つの領域にわたるもの
（例——浪費、性行為、物資乱用、無謀な運転など）

5　自殺行動、自殺のそぶり、自殺の脅し、または自傷行為の繰り返し

6　顕著な気分反応性による感情の不安定性

7　慢性的な空虚感

8　不適切で激しい怒り、または怒りの制御の困難

9　一過性のストレス関連の妄想様観念または重篤な解離症状（記憶が飛んで、知らないうちに別の行動をしていることなど。これのひどいものがいわゆる多重人格）

このうち5つ以上を満たすタイプの対人関係、自己像、感情の不安定、および衝動性のひどい状態がボーダーラインということになる。ただし、パーソナリティ障害全般にいえることだが、これらの症状に苦しんでいるとか、社会的、職業的、あるいはほかの領域で機能障害を起こしている場合にのみ診断基準が当てはまると知っておいてほしい。

〈池田小事件の教訓〉

ボーダーラインのパーソナリティ障害で特徴的な存在として思い出すのは、宅間《たくま》守《まもる》死刑囚である。大阪教育大学付属池田小学校で無差別殺人を行った人物である。8人の子どもを殺し、職員、子ども15人に重軽傷を負わせている。(注)

（注）池田小事件……2011年6月8日に起きた事件で、2004年9月14日に死刑が執行されている。2度の精神鑑定で刑事責任能力を有していると判断された。

彼は、かなり暴力的な父親のもとで育っている。10代の頃から女性へのレイプ、暴行をくり返している。彼は4回（獄中結婚を入れれば5回）結婚し、離婚している。性格が破綻しているように見えるのになぜモテるのかいうと、この種のパーソナリティ障害の人間は熱情的にアプローチをするので、相手が根負けして結婚するケースが多いのである。ところが、いざ結婚すると豹変し、ドメスティック・バイオレンス（DV……家庭内暴力）をくり返したりするようになる。

宅間が小学生を襲ったのも、ストーカーをくり返していた元妻を殺す代償だったといわれている。

供述などから見ると、不安定な自己感、衝動行為、自殺行為、感情の不安定、怒りの制御の困難、そしてまともな職につけない社会的機能障害がある。先に挙げたボーダーラインのチェックポイントに十分に引っかかる。

〈ストーカー行為はなぜ起こる？〉

私自身、ボーダーラインについては、治療は相当難しいものと思っている。ボーダーラインの人は治療者に対するストーカー的な行為をすることも多く、アメリカに行った当座、医者としての対処マニュアルのビデオを見せられたことがあったが、そのなかでは「**ひたすら逃げろ**」といっていた。通勤の道を変えるとか、引っ越すとか、身をかわす方法も紹介されていた。

理論的にいうと、過保護の親からはボーダーラインの人は生まれないということができる。虐待する親やネグレクトする親、あるいは子育てに一貫性がない親などが、ボーダーの背景にいることが多い。

精神分析学者の小此木啓吾《おこのぎけいご》は、この種の人間を「**困った人**」と呼んだが、まさに人に迷惑をかける典型的な存在である。

印象に残っているのは、後にベーカー大学教授になった留学先の院長グレン・ギャバードのことばである。

「この病気の典型例は、映画『危険な情事』のグレン・クローズ演じるキャリアウーマンである」

仕事のできるインテリ編集者がグレン・クローズの役である。マイケル・ダグラス扮する有能な弁護士とすぐ恋に落ち、燃えるような一夜を過ごす。怖いのは、そのあとのストーカー行為である。ギャバードはさらにいう。

「この女性が通常のボーダーラインの患者と違う点は、1回風呂に沈められて死んだはずなのに生き返ることだけだ」

そうその通り、グレン・クローズはモンスターのように生き返る。

その日のうちに情事に至る理想化とその後のストーカー行為のギャップの激しさ、見捨てられ不安とそれを回避するための必死の努力、感情の不安定、制御不能の行為……教授のいうように、ボーダーラインの典型例である。

もしこれが女性なら、とても熱情的で、魅力的でもあるから、男性はこころを許しやすい。

ところが、そのあとが大変である。すべての時間と愛情を捧げないと彼女は気がすまない。時間かまわず電話をかけてくるし、気のない対応をすると、自殺をするといって脅してくる。

だから私はその日のうちに性行為を許してくれる女性は危険だと常々いっている。

職場でもしボーダーの上司に遭遇したら、注意を払う必要がある。もし離婚が数度に及ぶなどといったことが分かれば、ある種のサインととらえて、その上司から飲み会などに誘われても、参加しないようにするのが賢明である。

とにかく最初100点から始めるようなタイプだから、少しでも逆らったりすると、減点が激しくなり、責め立てる。**なるべく関わりをもたない**ようにするのが、ベストなタイプといえる。

評価の高いところから接触をしてくるので、つい調子に乗って、相手の懐に飛び込むと、それこそ大変である。すべて私心を捨てて奉仕することを求められる。そうはなりたくないという素振りでも見せようものなら、なにをされるか分からない。

あるIT関連の社長が、そういうダメ上司に遭ったらジャングルに迷ったと思え、といっている。ジャングルに迷えば生死の問題になる。それくらいの必死さで対処法を考え、脱出せよ、ということなのだが、ボーダーラインパーソナリティ障害の場合、ジャングルの入り口で引き返すことが肝要である。

ボーダーラインの人は、相手に取り付いて一心不乱になるわけだが、次の狙いが出てくれば、そっちにスムーズに移る。だから、〝ババ抜き〟という手が使えれば、それに越したことはない。

ただ、そういう都合のいい人間が見つかり、そちらへ相手の関心を向けさせることができるかが難しい。ただ、理論上は興味の対象を移し替えるというのは、有効な方法としてあり得るだろうと思う。

困った人❷……自己愛性パーソナリティ障害

次に要注意な「困った人」が自己愛性パーソナリティ障害である。

自分のことをすごい、偉いと思う誇大性があり、激しい賞賛を受けたい欲求も強い。自分のことが大好きなわけだが、相手のこととなるとまったくその気持ちを汲むことができない。

DSM－5には、次の9つの診断基準があり、このうち5つ以上該当する場合に、自己愛性パーソナリティ障害といい得る。

1 **自分が重要であるという誇大な感覚**（例——業績や才能を誇張する。十分な業績がないにもかかわらず、優れていると認められることを期待する）

2 **限りない成功、権力、才気、美しさ、あるいは理想的な愛の空想にとらわれている**

3 **自分が〝特別〟であり、独特であり、他の特別な、あるいは地位の高い人たち（または団体）だけが理解し得る、または関係があるべきだと信じている**

4 **過剰な賞賛を求める**

5 **特別意識、つまり特別有利な取り計らい、または自分の期待に自動的に従うことを理由なく期待する**

6 **対人関係で相手を不当に利用する、つまり、自分自身の目的を達成するために他人を利用する**

7 **共感の欠如**（他人の気持ち、および欲求を認識しようとしない、またはそれに気づこうとしない）

8 **しばしば他人に嫉妬する、または他人が自分に嫉妬していると思い込む**

9 **尊大で傲慢な行動、または態度**

根拠もないのに自分にうぬぼれている人であるが、それを他人にも認めさせようとするところに「困った」点がある。

ただし、柔軟性に欠け、不適応で、そこに持続性があり、著しい機能障害または主観的苦悩を起こしている場合に限って、自己愛性パーソナリティ障害と診断されることになる。アメリカではこの手の自己愛性の人で、非常に成功した人がままいるからだ。

共感性が低いから平気で首を切ることもできるし、自分ほど優れた人間はいないと思うことのできる人間のほうが、アメリカでは出世できるのかもしれない。

この種の人たちのなかにも苦悩して精神科医にかかる人間がいるというのだから、不思議だといえば不思議だが、自己愛性のままではやれなくなるときが来て、現実と誇大な自己像とのギャップに悩むのかもしれない。

ただ、この自己顕示欲の強いタイプは、日本ではまだ成功者とはなりにくいのではないだろうか。もちろん組織のなかで伸《の》し上がるのではなく、叩き上げで一代で財を成すような人材にこういう鼻もちならならいタイプはいそうである。

〈怒りは後天的な感情〉

精神分析の世界で「自己心理学」という学派を打ち立てたのがハインツ・コフートである。彼は怒りは一次感情ではなく、自己愛が傷つくことによる二次感情だといっている。

精神分析でいうところの**一次感情とは、生まれながらにもっている感情**のことで、赤ん坊は生まれたときから、うれしいとニコニコし、嫌なことがあると泣く。このうれしいとか嫌だというのが一次感情である。

人生経験のなかで、いろいろなエピソードに対する反応として、**学習して身に付けていくのが二次感情**とされる。

コフートは怒りや攻撃性を生まれつきのものではなく、ある種のものに対する反応であることの根拠として、次のような言い方をしている。

「もしも人間が生まれつきのアグレッション（攻撃性）が強いのであれば、赤ん坊は子宮のなかで生き残っていけなかっただろう」

人が怒りに燃えるときというのは、たいてい自尊心を踏みにじられたり、名誉を傷つけられたり、恥をかかせられたりしたときである。自分の弱点を指摘されると、それが正しいと分かっていても、怒りに駆られるということがある。これは、自己愛が傷ついたせいだというのがコフートの基本的な考えだ。

人知れず恨みの感情を溜め込み、怒りとして爆発させるタイプがいる。ふだんはおとなしいのに、急変にびっくりさせられることがある。よほど自己愛を傷つけられ、劣等感情で内圧が高まっていたのだろうと想像される。

〈劣等感情が悪いのではない〉

劣等感などの感情が、人間を非常に怒りっぽくさせたり、あるいは人間から冷静な判断力を奪うことについて、アルフレッド・アドラーという心理学者は、劣等感情そのものが悪いのではないといっている。

ふつうは、劣等感情を優越性志向で代償することで挽回する傾向がある。異性にモテないことをばねにして、ほかのことを達成して満足しようとする。会社を興して成功する、社内で出世するなど、劣等感情が飛躍のばねになることはいくらでもある。

アドラーがいうのは、その劣等感情があまりにも強いと、ほかで取り返す気にもならない、ということである。どうもつねに不全感があって、立派であるべき自己像ともずれていると意識するとき、劣等感情が溜められていく可能性が大きい。

秋葉原通り魔殺人(注)の加藤智大《かとうともひろ》死刑囚は社会に居場所がないという感じで生きていたのではないだろうか。ささいなことで会社を辞めたり、仕事を放棄しているが、彼自身はそれを社会への反抗ととらえていたように見える。彼の孤独が強調されることがあるが、少人数ながら友達はいたようである。こころの通い合いがあったかどうかは分からないが。

自己愛を保持できず、劣等感情を溜め込んで、犯罪に及んだ、という説明になるが、彼は獄中で世の中の自分に関する解釈はすべて否定している。

私もそれを決めつけるべきではないと思っている。

(注) 秋葉原通り魔殺人事件……2008年6月8日、東京都外神田(秋葉原)で起きた通り魔事件。7人が死亡し、10人が重軽傷を負った。

嫉妬には2種類ある

精神分析では嫉妬感情を2種に分けて考えている。

ひとつはフロイトがいう嫉妬である。彼は幼少期の男の子の成長過程における心理を説明するのに、父親に対する嫉妬を鍵《かぎ》概念として説明している。

フロイトは性的成長過程を5つに分けている。**口唇期、肛門期、男根期、潜伏期、性器期**である。その男根期に、他人と比較することが始まるのだが、これは年齢的には3〜6歳が該当する。

性器の大きさをほかの子と比べたり、おしっこの飛ばしっこをして遊んだり、なにかと比較することで自信を付けたり、がっかりしたりすることをしながら成長する。

この時期の終わりくらいに、「お父さんを倒してお母さんを奪い取りたい」という願望が起こるという。これが有名な**エディプス願望**である。

ところが父親はその越権を許そうとはしない。「おまえがお母さんと結婚するなんて不埒なことを考えていると、去勢してしまうぞ」という父の脅迫が怖くて、子どもはいつか父親の座に就いて母親を奪還しようという思いは残しながら、現実には性欲を抑えて、一生懸命勉強したり、身体を鍛えたりする。

父親に負けたという不快感情を、将来的に相手に勝つことで解消しようとする。父親のように強くなりたい、いつか勝ちたい、きっと見返してやりたい、という嫉妬感情が彼の成長の支えになっている、と考えるわけである。

精神分析ではこの「いつかは勝ってやる」と嫉妬することを**「ジェラシー」**と呼んでいる。

相手の良さを潰す嫉妬

もうひとつ違うタイプの嫉妬を提唱したのが、メラニー・クラインという女性の精神分析学者である。彼女は乳幼児の原始的心理を多く研究した人である。

パーソナリティ障害の人のこころのメカニズムや、対人関係の不安定さを解明するのにとても役立つとされる「**分裂**（相手が良い対象のときは自分も良い自己になるが、相手が悪い対象だと感じると悪い自己になる）」という考え方を打ち出した人でもある。

クラインは乳幼児の原始的な心理として、相手が良いものを持っていると、それを潰してやりたくなる心理が起きると考えた。その嫉妬を「**エンビー envy ＝羨望**」と名付けた。これは原始的な心理を大人になっても引きずっているボーダーラインの人に目立つものとされている。

精神分析の嫉妬には、**相手が良いものを持っていたらそれに勝つことで克服しようとする「ジェラシー型」**と、**相手が良いものを持っていたら潰してしまおうとする「エンビー型」**があるということになる。

同じ嫉妬といっても、だいぶ現実対応が違ってくる。片方が建設的であり、片方が破壊的である、ともいえる。後者は負の衝動に衝き動かされているわけで、もしそういう気配を自分で感じたら、対象のことを忘れようとするなど、対処を講じなくてはならない。理由もなく、そういうことに巻き込まれた人も大変である。

私が目にあまると思うのは、**日本を覆っているこのエンビー型の嫉妬**である。**バカと人をののしるのも、エンビー**型の可能性がある。

なにかあると批判の嵐が起きるが、全体に人を褒めるようなことは少ない。感情のうっぷん晴らしをしているようなものだが、ここから健全な文化が育つとは、とうてい思えない。

さらにいうと、有名人が何か問題を起こすとコテンパンにたたきのめすということがやたらに目立つ。ここにも嫉妬する相手を潰そうとする感情にエンビー型嫉妬を感じるのだ。

2

どんな感情も放っておけば収まってくる

具体的な気持ちの切り換え方

ここまで認知の仕方で神経症やうつ症状さえ変えられるという話と、それではなかなか治らず、精神分析の領野となった2種のパーソナリティ障害について触れてきた。最後に、もっと具体的な気持ちや気分の変え方の方法論について触れていこうと思う。人を攻撃して、バカだといって自流《じとく》している人には、その狭苦しい心理から脱して、もっと人と交流する、寛《ひろ》い人間関係を築けるようなアドバイスをしていこうと思う。

さきにうつに関して森田療法が効くと書いたが、ここでもう一度、この療法に登場してもらうことにする。

森田療法には**「感情の法則」**というのがあって、とてもシンプルだが、こころに沁みるものである。

「感情は放っておけば、だんだん収まってくる」

単純だが、噛みしめれば噛みしめるほど味のある言葉だという気がする。

人は激した感情に引きずられて、いろいろな失敗を犯す。思ってもいないのに、相手に「バカ」といったら妙に気持ちがよくて、それが癖になって、バカと利口の価値観に身を浸されたようになる。そうなると、なかなかそこから抜け出すのは難しいが、感情が高ぶったときに、「いずれこれは収まる」と念じれば、深みにはまることは避けられる。

本当に、ものごとは目の前にあると大きく映るわけだが、ちょっと距離をとってみると、実際の小ささに驚くことがある。距離とは**心理的なディスタンス**のこともあれば、**時間的なディスタンス**のこともある。

ある人のことで悩んでいても、ちょっと距離を置いて近づかないでいると、焦っていた気持ちや、イライラした感じや、恨みがましい感情も消えていく。

あるいは、急に感情が高まっても、時間の経過を待つのである。すると、あれだけ激しかったものが、ほとんど薄い影のようになってしまうことがある。その感情の高まりがウソのような気がするくらいである。

こういう経験を積むと、自分の感情のコントロールの感じが分かってくる。まえは激した状態を喜んでいたのが、もっと落ち着いた状態のほうが気持ちがいい、と思うようになるのである。それが**習慣化されたときには、あなたは見違えるような人になっている**はずだ。

「腹が立つ」……放っておく

「悔やしい」……放っておく

「憎い」……放っておく

森田療法は「あるがままに」を基本とするので、怒っても悔やんでも憎んでもいいのである。**腹を立てるなといっても無理、悔やしがるなといっても無理、憎むなとっても無理。無理なことをあえて変えようとしても、むだに終わる**だけである。

問題は、その種の感情に見舞われたあと、しつこくそれにこだわらないで、放っておくということである。そうすれば、マイナスの感情に囚われることはなくなる。

感情はすぐ変わる

先に「感情は収まる」と書いたが、それと同じくらい深い箴言《しんげん》がある。

「感情はすぐ変わる」

「猫の目」という言い方があるが、それくらい素早く感情は移り変わる。さっきまで夫婦喧嘩していたのに、30分もすると、なんでそんなことになったのか、思い出せなかったりすることがある。

ということは、そういうはかないことに、われわれは一生懸命**感情を浪費**し、**こころを固くしてしまっている**のである。要反省である。

雲間から出てくるお日さまや、光がたわむれる青葉、若葉に目がいくようになれば、気持ちはぐっと楽になる。そういう**小さなことが、大事故や政治や戦争などに匹敵するぐらいの力をもっている。**

政治やビジネスで巨大な力をもっている人が、奥さんにかかったら、借りてきた猫のようにおとなしいということがある。ワイシャツのカラーに小さなトゲがあると、それが気になって、国際会議に身が入らない、ということも起きる。

感情はすぐ変わる——だから、それに拘泥《こうでい》するのは、賢明なことではない。落ち着いた気持ちのときのほうが、理性的な判断ができるわけだから、感情の鎮静を待ってから判断しても、遅いということはない。

「今日の正解」は「明日の不正解」——ゆるく考える

これはまえに触れた**二分割思考**や**Should 思考**と関連したことで、正解か間違いか、合っているかそうでないか、という価値判断をしがちな人は、もっと**ゆるくものごとを考えるよう**におすすめする。

じつは、世の中のたいていのことには正解はなくて、**〝正解らしいもの〟が横行**しているだけである。テレビで専門家が断定口調でなにかをいっていても、それは正解と見せているだけのことが多い。本書でときに断定口調があっても、それは正解を提示しているつもりでなく考えるヒントと思ってほしい。

いまの北朝鮮の金正恩《キム・ジョンウン》最高指導者が金正日《キム・ジョンイル》の後継者となることを予測した専門家は皆無に近かった。韓国経由の情報しかもっていないために、そういう恥ずかしい結果になったわけだが、いまだにその手の専門家たちは何事もなかったかのごとくテレビに出ている。

アメリカの大統領選挙でもヒラリー・クリントンが優勢という報道ばかりで、トランプ勝利を予測したメディアは非常に限られていた。アメリカ通といわれる評論家たち、ジャーナリストたちは、いったいなにをしていたのか、といわれても仕方がない体たらくだった。

ことほどさように**「正解」など存在しないに等しい**。まして人間の心理に関わった部分は、もっと複雑である。そのことを自覚している、いないではだいぶ、こころの余裕が違ってくるはずである。

いま歴史を扱った本が売れている。世界史、日本史、どちらもである。いままで常識と思っていたことが、たびたびひっくり返される。それはある種、快感に近いものがある。なぁーんだ、**歴史だって正解がない**じゃないか、と安心するのである（この手の本の著者も自分で正解を見つけたと悦に入っていることが多いようだが、いつ覆されるか分からないのも事実である)。

江戸時代に離婚を言い立て、三下り半という書状を書かせたのは女の側だった、という。年貢が嫌で他藩に逃げた百姓を待っていたのは、土地や家まで用意した厚遇だった、という。こういう思いもかけぬ事実が明らかになりつつある。

今日の正解だって、明日には不正解に変わっているかもしれない。それくらいの気持ちでいたほうが、楽になれるに違いない。

愚痴を聞いてくれる人をもつ

高齢者の精神医療に携わっていると、ひとりの友人のあるなしは、メンタルヘルスを支えるのにかなり大きい要因だな、と思うことが多い。

しかし、これは高齢者に限った話ではなくて、年齢問わず、自分の愚痴を聞いてくれる人がいる、というのは、それだけで幸せである。固い鎧《よろい》に覆われたこころを自分で解きほぐすのは、難しい。どうも生きづらいというときに、こころの弱音を吐き出せる相手がいるというのは貴重である。

人間のなかには、人に親身になって接することをいとわない、いやかえって積極的であるタイプがいる。人に奉仕させていい気になる人が多いなかで、とても得がたい存在である。

そういう人がひとりでも周りにいたら、自分の幸運を感謝すべきである。もちろん、自分の愚痴を聞いてくれる人には、さらに大感謝である。

気を付けたいのは、あまり長々と相手を拘束しないことである。できれば、数回に分けて、気持ちを解放していく感じがいい。そのほうが、相手への負担も小さくなるからである。

相手への配慮ができるようになったら、あなたは相当程度、心理的に回復しているといっていい。もう人を「バカ」呼ばわりをして喜びを見出すようなことはなくなるだろう。

淡々と仕事をこなす

これができそうでなかなかできないことである。いわゆるマイペースを保つ、ということである。「淡々と」とは、なかなかいかないものである。

ましてこころにかかる気がかりなものは、正面から向き合うには、気分が乗らないということがある。ことを始めれば、障害が見つかることが予見されるので、よけいに手を付けにくいのである。

だが、そこを思い切って、手をかけてみる。「よおし、やるぞ」といった大掛かりな気持ちではなくて、**「できることから始めようかな」というぐらいの感じで取りかかる**のである。すると、意外とスムーズに仕事のなかに入り込み、心配していたことにも具体的な解決策が浮かんできてクリアすることが多い。

職人さんを見ていると、いつものペースで、いつもの段取りで、何十年もそのやり方でやってきている安定感がある。それは、淡々と仕事をこなすなかで身に付けてきたものなのであろう。

思わぬ邪魔が入って、感情を乱されると、同じペースで仕事を続けることが難しい。そんなときは、その感情をやり過ごすのを待って、それからまた粛々と仕事を始めるのがいい。窓から外の風景を見て、気持ちをそらすのも、効果がある。

淡々と、にこだわると、それが重荷になって、うまくいかなくなる。**目の前の小さなことからいつも手を付ける**、という意識が大事である。

川で鮎釣りなどをしている人を見ると、同じ動作を倦《う》まず弛《たゆ》まず続けて、飽きが来ることがない。きっと清流の下にいる鮎に思いを馳《は》せているので、そんなことは気にならないのだろう。

ルーティンをおざなりにではなく、こころを込めてやれるようになったら、もう達人の領域である。職人、その道の**プロと呼ばれる人たちは、ルーティンをルーティンともしない人たち**のことなのかもしれない。

「ひとまず」やってみる

なにか行き詰まりとか変身の時機だと感じたら、「ではどうするか」と考え、「ひとまずやってみる」ことがおすすめである。

私は**人には試行力が必要**だと思っている。先に触れた「ぐるぐる」思考なども、これに入るだろう。まずやってみて、そこから次を考える、というのが試行力だが、それは3つのステージから成り立っていると考えている。

仮説を立て、それを試し、ダメならまたチャレンジする、という3段階である。

仮説は漠としたもので構わない。それがないと、成功、失敗の基準がないからである。

よく成功したビジネスの話になると、「おれもあれは考えていた」という話がけっこう転がっている。たとえば、インターネットの検索エンジンの開発など、そのいい例である。

ビジネスをやる人は、大概、壮大なビジョンがあって始めたわけではない。自分のやれることを、人の10倍も20倍も熱心にやっているうちに、どうにか恰好がついて、そこで企業理念だ、人材活用法だと整理しただけ、ということが多い。

とにかく会社を作って、オフィスを借りて、それからなにをやるか考えたというIT経営者もいる。走りながら考えて、そのうちに何が儲かるか、これからのトレンドをつかまえて、必死にその分野を実地で学びながら、本業にしていった、というベンチャー経営者もいる。彼らは試行力のかたまりみたいな人たちだ。

私の言い方でいえば**「ひとまず」やってみる派**である。ぜひあなたも軽いフットワークを生かしてみてはいかがだろうか。
逆に理屈ばかり考えて、実行に移さないと、前述の検索エンジンを思いついたのに金持ちにならなかった人と同じような轍《てつ》を踏むことになる。

変えられるところから変える

これは本書で幾度か述べてきたことだが、**相手を変えようとすると大変だから、まずは自分の変えられるところから変えてみる**、ということである。別に難しいことを要求しているのではなく、ちょっといつもより朝早く起きてみるとか、家族にふだんはあまりいわない「おはよう」をいってみるとか、できる範囲のところから変化の波を起こしていこう、ということである。

ふだん折り合いの悪い上司とどう接しているか。苦手意識が先に立つから、どうしても不愛想になり、それが相手にも反映して、良好なコミュニケーションが取れない。そこまで行かなくても、ごくふつうの感じにまではしたい、と思ったら、まずはやはり当座できることから手を付けるのが鉄則である。

朝の挨拶とか退社時のねぎらいの言葉とか、自分のできることをする。それをやったというだけで気分がいいし、相手が「おや？」と意外な顔をしたのも楽しい。

人と人は思想で対決することもあるが、たいていは感情で対立していることが多い。感情から発生して思想にまでいった、ということが多いのではないだろうか。だから、**発端は感情**なのである。

こちらからプラスの感情光線を発すると、きっとそれは相手に届き、反射して返してくれる。それくらいの気持ちで、気長にアプローチすることをおすすめする。

「ほかにもいろいろあるさ」と考える

これは認知療法のところでも、うつの有効な対処法として紹介した考え方だが、どうしてもまじめな人は、目の前のことに集中して、そこにしか突破口がないかのような思いになりがちである。

しかし、ものごとには思いもかけぬ解決法があることがある。たとえば、高校に通うのが嫌なら、高校卒業と同等の資格をもらうための試験（高等学校卒業程度認定試験）がある。日本の大学がつまらないなら、アメリカの自由な大学がある（その代わり、大いに勉強させられるが）。会社員が辛ければ、独立の道がある。

味の素という〝うまみ調味料〟がある。この売り上げを伸ばすために、社員にアイディアを募ったところ、専用容器（それに入って味の素は必ず食卓にあった）の蓋の穴を大きくしたらどうか、という案があった。なんと採用されたのはその案で、実際に売り上げが伸びたという。そんなバカな、というような発想だが、ときにそれがヒットにつながることがある。

食堂でお客さんのリクエストで作ってみたら大評判で、店の看板メニューになった、などという例も多い。素人のお客のいうことなど……と無視していると、せっかくのビジネスチャンスを失ってしまう。たとえば、**カツカレー**はカレーとカツを一緒に食べたいという巨人軍千葉《ちば》茂《しげる》選手の要望でできたものだという。

スリーエムの**ポストイット**は、たまたま剥がれやすいものができてしまったが、失敗作として葬らず、逆に大ヒットなったものである。

フレミングの例を挙げよう。彼は第一次大戦に出兵して、多くの兵士が傷口から感染症にかかって死ぬケースを見た。当時は、石炭酸で傷を洗うしか方法がなかった。

戦後、実験中に細菌を塗ったペトリ皿に間違って唾液を落としてしまった。数日後、その皿を見ると、唾液のついたところの細菌が死んでいることに気づく。そのことによって、細菌を殺す**リゾチームの開発**に結びついた。

世の発明にはこういう偶然を見逃さず、成功に結び付けたというものがよくある。心理の面でも、なにかほかにやり方はないか、ほかの道はないか、頼れる人はいないか、とあれこれと考えることが大事である。**絶対にこれしかないなどということはない**ので、安心してほかを当たってみるべきだろう。

相手の感情を優先する

カウンセリングでは、患者のいうことを肯定することが基本である。「そうですか」とか「大変でしたね」とか共感の言葉を発する。これは、私はあなたの敵対者ではない、というサインを送り、胸襟を開いて、お話しいただいていいですよ、といっているのと同じである。

敵対の気持ちがあると、自然と顔や態度に出て、敏感に相手に伝わると考えていい。

相手と仲良くなるほどではなくても、ふつうぐらいの付き合いがしたいと思うのであれば、このテクニックは役立つこと請け合いである。

日本人はパフォーマンス下手、アウトプット・トレーニングが足りない、と思う。まず相手の感情を受け取り、それに沿って返答をするだけで好感度が上がる。さらに、外見にも気を配る。

心理学者アルバート・メラビアンのコミュニケーション論では、人が他人から受け取る情報の順位をいっている。

■**1位　見た目、身だしなみ、仕草、表情**——55パーセント
■**2位　声の質（高低）、大きさ、テンポ**——38パーセント
■**3位　話す言葉の内容**——7パーセント

これは判断に迷ったときの話という条件がつくが、いずれにせよ、われわれは話をするには中身が大切だとついつい思いがちだが、外見が与える影響がかなりのウエイトを占めていることが分かる。大事な話をしていそうに見えると、中身までそう見え

る、ということである。

話がうまくなるには、外見から直していけばいい、ということを知ると、ハードルが下がってやりやすくなるかもしれない。

ただ、これをいいたい、というものがあるときには、復習は忘れないようにしたい。**メモやコンテを考えて、ポケットに忍ばせておく**のも、方法である。

苦手なことなら、やれることから対処する、というスタンスを忘れたくないものである。苦手をまえに逃げる、というのがいちばんよくない。できることから手を付けるのである。

アウトプットに関しては、リハーサルの大切さを忘れてはならない。

われわれは**ジョン・F・ケネディ**（第35代アメリカ大統領）というと演説の名手、ことばで国民を奮い立たせた大統領という印象があるが、彼は話すのが苦手だったという。どっちかというと、書くほうが好きなタイプだったらしい。

彼は苦手な部分を補強するために、一流のスピーチライターを起用した。そしてリハーサルを重ねて名演説家になったという。彼にしてそうなのだから、われわれにおいてをや、である。

感情を外に向ける

感情が内に内にと入ってしまう人は、外に向けましょうといっても、なにをしたらいいか分からないかもしれない。内に籠《こ》もることでエネルギーを高めている面があるので、それを外に向けると、自分が弱まってしまう気がするかもしれない。

しかし、自分の弱さを認められる人が本当の強さを秘めた人だとすれば、徐々に自分を開いていく方向に行くべきである。それには、まず家の玄関から外に出ることが第一である。

そして、人の流れや風景に目をやる。季節を楽しむ感じだともっといい。人恋しくなったらもっといい。だれかにメールして会って、話を聞く側に回る。人はみんなだれでも自分のことを人に話したいと思っていて、上手に聞いてくれる人に好感をもつ。

そういうときに、批判の鋭い視線は封じ込めること。それはたしかに外に向かっているが、いずれ自分に返ってくる悪感情である。

こころのバランスのとり方のうまい人は、オンとオフの切り換えのうまい人である。

オンで集中したら、オフで解放する。オフとして旅に出る人もいれば、ホテルで過ごす人もいるし、友達と飲み会をしてバランスをとる人もいる。

オンをうまくやるにはオフが上手にできないといけない。

両方あって初めて、メンタルは安定していられるのである。

深読みをしない

相手のいったことがいつまでも気になって、あれこれと検討するのは、結局、むだなことが多い。悩んだだけの成果がなくて、気落ちすることになる。たいてい相手は、自分のいったことばなど忘れていて、後で話題にしても「そんなことといったっけ？」ぐらいの反応ぐらいしか返ってこないものだ。

小学校、中学校でいじめを受け、ずっとそれを抱え込んで生きていて、いつか大人になったときに、いじめっ子に「謝らせたい」と考えている人がいたとする。それで故郷に帰ったときなどに尋ね出して、「なんでいじめたんだ」と聞いてみても、本人は「そんなことあったっけ？」ぐらいの反応に終わりかねない。

実際、テレビ番組でそういう設定のものを見たことがあるが、長く感情を抱え込んできた側からすると余りにも拍子抜けする反応に戸惑うばかりである。相手は、「それはすまなかった。仲直りといこうや」と気遣ってさえくれる。

これを見ても分かるが、あまり**負の感情にこだわるのは止めたほうがいい**。あなたが悩んだ総量に見合うだけの反応が返ってこないことは目に見えているからである。だから、そんなにたくさん溜め込んで、取り返すのが難しくなるまえに、気持ちを切り換えるほうが利口である。

ふつうに考えてもみても、人はそれほどことばに神経をつかってしゃべっているわけではない。たまたま流れで、なにかきついことをいったのであって、そこに悪意があったわけではない。そういう瞬間に消えてしまうことばにかかずりあうのは得策ではない。

同じように、自分がいじめられたり、バカにされた状況を何度も再現して、シミュレーションを行うのもおすすめできない。映像でくり返すと、固着が強くなるからである。これもことばと同じで、せっかく**悩んでも、元が取れないのだから、止めたほうが賢明**である。

これに関連して、**悪意あることばは聞き流す**、というのも心がけたいところである。建設的にいってくれていると分かるものは、大事なアドバイスだから、もちろん自分に取り込むべきものだが、明らかに悪意が見えることばは受け流す、思い返さない、シミュレーションしない、ということを肝に銘じるべきである。

よく動物と人間の毒に対する尺度が違う、といわれる。人間はよく観察して、これは少量食べると身体にいいが、たくさん食べると死んでしまう（夜光性の植物に多い）、などと量の問題として考えることができる。しかし、動物はそれができないから、どれも区別なく忌避するという。毒になることも薬になることもあると考えられるのが人間の**認知的な成熟**なのだ。

先に建設的な批判は自分の肥やしにする、といったが、それは毒ではないから、取り入れても大丈夫なのである。自分を否定するものは全部排除するというのでは、動物と変わりないことになる。

ここまで譲れる、という線を引く

自分を守ろうとする防御癖が強い人は、他者に譲れる部分が少なくなる。だから、なにをされても、自分を否定され、侮辱されたように感じて、苛立ちが強くなりがちである。

いちばんいいのは柳に風というタイプで、どんな攻めにも柔軟に対応しながら、優雅な柳であることは少しも変わらない。ここまでは譲れるという範囲が広い、ということができる。

自分を強張《こわば》ったかたちで保持している人は、少しでもかたちが崩れると、全体がダメになると思いがちだが、柳に風タイプを見ていると、別にそういうこともなく、自在に仕事や人間関係をこなしている。

ここまでは譲れるという線をちょっと下げてみる。それで試して、さほど自分がぐらつくことがないと思えば、もうちょっとラインを下げて、また様子を見てみる。そんな風にして、自分の守備範囲を広げていくのである。

ラインを下げ続けてきた目で、過去の自分を見れば、なんと小さなエリアを、それも必死で守っていたことに哀れさえ覚えるかもしれない。大人になったな、と自分を褒めたくなるかもしれない。

硬直していることが強いことではない。そういうことが分かるようになると、だいぶラインが下がった効果が出たことになる。

「いつも立ち直ってきた」と思う

失敗体験も人間の成長の糧になるが、ときにそのマイナス面に囚われて、前向きな気持ちになれないことがある。大事なのは、結局それを乗り越えて、いまの自分はあるんだ、と思えることである。

不思議なことに、**人間は幸福な経験より辛かった経験のほうをよく覚えている**。それは幸福には運みたいなものが大きいが、辛い経験は自分で越えてきたという実感があるからではないか、と思われる。

いまここにある、というだけで、幾多の辛いことを越えてきたことになる。自分の存在を抱きしめるという感じである。

ある女性の話をしよう。

結婚して3人の子ができたが、離婚。下の2人の子は喘息《ぜんそく》を病んで、治ったのは中学生のころ。仕事をしながら子どもを育てていたが、そこに親の介護が重なってきた。自分も長年の苦労がたたって、2度の大手術を経験した。

その女性が話をしながら涙を流す。それはなんの涙か？　彼女がいうには、「うれし涙」なのだという。子どもたちがとてもいい大人に育ち、いろいろと気遣いをし、助けてくれるので、「いまがいちばん幸せ」と彼女はいう。

こうやって、**自分を肯定して生きている人がたくさんいる。**不幸を比べたら、底なしの人もいる。だけど、大事なのは、いつも自分は立ち直ったからこそ、いまがある、という感覚なのだろう。

人生はいつだって「小さな度胸試し」

大災害を見ると、人間の命運など明日をも知れない、と思う。さっきまで冗談を言い合っていた家族が、瞬く間に瓦解する。新型コロナでも、日常の風景が一変してしまった。

もっとミクロで見れば、じつはわれわれが行っている**一つひとつの選択は、命懸けの飛躍なのである。正解などどこにもなくて、その都度、選び取った結果がいまにつながっている。**

私の言い方でいえば、**人生は小さな度胸試しの連続**ということになる。

ある女性編集者がいっていた印象的な言葉がある。彼女はいちばん最初、本のタイトルを付けるのが怖くて、上司に泣きついたことがある、といった。「できません、○○さん、タイトルお願いします」と訴えたというのである。

自分がタイトルを付けると、それが本という商品になって書店の店頭に並ぶことになる。それだけならまだしも、そのタイトルで売れる、売れないの結果が付いてくる。それは自分の能力の審判を受けるようなものだ、と彼女は考えた。だから、怖くてタイトルを付けられなかった。

こういう例は、きっと似たようなものが無数にあるのだろうと思う。何かを選択したことで、結果と評価が付いてくる。その評価がマイナスのこともあれば、プラスのこともある。しかし、それを引き受けないと、まえに進めない。

だから、**人生は小さな度胸試しから始めるのが賢明**なのである。その彼女の例でいえば、先輩に付いて、タイトル付けを含めてテクニックを学び、盗むということがある。書店に行けば、先行事例がごまんとある。どういう言葉を使えば、そこのコーナーにはまり、かつ読者の受けがいいのか、徹底的にリサーチするのである。

先輩の扱う原稿の見出し付けなどで腕を磨いて、助走をしておくのもいい。これが小さな度胸試しである。場合によっては、先輩からタイトル案を出してみろ、といわれるかもしれない。それも小さな度胸試しである。

先にも書いたように、やれることからやるのが基本である。大きなことが怖かったら、小さなことから慣らしていくのも、大事な方法なのだ。

そして、数年も経てば、自分があんなことで尻込みしていたのか、と過去の自分が愛しく思えるところにやってくる。だけど、またまえには小さな度胸試しが相変わらず続いていくのだが。

あとがき

私はバカをめぐる本を何冊か書いてきたが、いつも自分をバカの圏外に置いて書いてきた。意図的にそうしたわけではなくて、社会的常識に欠けるためにバカといわれる人の、転身のための処方箋を書いたので、おのずと客観的な描写になった。

今回は、かなり自分のことを入れ込んで、文章を書いた。精神科医としては異例のことかもしれない。そのため、決めつけはいけないと書きながら、ところどころでエキサイトして、断定調になってしまったことは素直にお詫びしたい。

ひとつには、自分自身が、かつては人のことをけっこうバカにしていたこともあって、その考え方が、頭を硬くするし、年をとってから幸せになれないことに気づいた。いま、かつての私と同じように人をバカにするような人に、これは、メンタルヘルスを含めて、将来の危険のサインなのだということを伝えたかったことがある。

本書で書いているように、人をバカにしていたころの私はバカだった。読者にはそうなってほしくないという願いだ。

もう一方で、本書を書くうちに、私自身がある種の人たちから見ると、バカな生き方に見えるのだろうなという思いも浮かんできた。

本文にも記したように、私が東大理Ⅲに入ったのは、将来医者になって映画撮影の資金を稼ぐためだった。考えてみれば、そこからもう既定の路線を外れている。学生時代はやはり好きな映画絡みで思わぬ借金を抱え、アルバイトに明け暮れた。まともに授業など出たことがない。

その後はほとんど大学の本流とは違う、ひとりの雇われ医者として生きてきた。そのかたわら、自分の経験を基にした大学受験対策本を書いた。受験勉強法の通信教育を起業して、医者と二足のわらじを履いてきた（映画制作、執筆を入れると、四足になるが）。

いまはさらに趣味と実益をかねてアンチエイジングの小さなクリニックを開き、大学の教員もしている。気分はフリーターに近い。

おそらく医学の本道を歩いた人間や、官僚の出世コースに乗った人間などからすれば、学歴をむだにして、なんとバカな道に踏み迷ったことよ、と思うかもしれない。

そういう意味で、私も世間から見れば、バカな生き方をしてきた人間ということになるのかもしれない。でも、十二分にやりたいことをやって、生きたいように生きてきた。こちらに関しては、バカでよかったと、いまは思うのである。

バカのほうが生き方が楽だし、発想も解き放たれる。

この人生体験から、人をバカにして生きている人を非難するより、バカになったほうが、あるいは自分もバカなのだと思えるほうが、こころの緊張がほぐれて、人に優しくなれるということを伝えたかったのである。

本書がそういうバランサーの役目を果たせるようであれば、著者冥利に尽きる。

末筆になるが、本書のような変わった本の編集の労をとってくれた実務教育出版の松原健一さんとフリーの編集者である木村隆司さんには、この場を借りて深謝したい。

和田秀樹

装幀	三枝未央
構成	木村隆司（木村企画室）
編集協力	Office Yuki
編集	松原健一
DTP	キャップス

‖ 著書紹介 ‖

和田秀樹（わだ・ひでき）

精神科医

1960年、大阪生まれ。東京大学医学部卒。1988年より浴風会病院にて老年精神医学に携わる。東大附属病院精神神経科助手、米国カールメニンガー精神医学校国際フェローを経て、現在は国際医療福祉大学大学院教授などを務める。著書に『感情的にならない本』『「感情の老化」を防ぐ本』『人生後半は好きに生きてみないか』など多数がある。

こころがすーっと軽くなる

バカという生き方

2020年9月30日　初版第1刷発行

著　者　　和田 秀樹
発行者　　小山 隆之
発行所　　**株式会社実務教育出版**
163-8671 東京都新宿区新宿1-1-12
電話　03-3355-1812(編集)　03-3355-1951(販売)
振替　00160-0-78270

印刷・製本　図書印刷

ISBN978-4-7889-2513-7 C0030